한국교원대학교 교육과학연구소 교육연구에세이 01

현장 교사를 위한 수업모형

권낙원 · 최화숙 공저

동문사

머리말

학교교육의 최대 관심사이자 교사의 가장 핵심적인 활동 가운데 하나는 수업이라고 할 수 있다. 따라서 교사는 어떻게 하면 수업을 효과적이며 효율적으로 잘 할 수 있을까 하는 문제에 대해 늘 고민을 한다. 그러나 이러한 수업은 다양한 변수로 구성되어 있고, 정답이 정해져 있지 않기 때문에 교사에게는 더욱 힘든 일이다.

이러한 문제와 관련하여 그 동안 많은 학자들과 교육실천가들은 어떻게 하면 잘 가르칠 수 있느냐에 대하여 끊임없이 연구를 수행해 왔으며, 몇 몇 학자들은 유형을 분류하고자 하는 시도도 있었다. 그 이후 어떤 이론들은 유행처럼 잠시 인기를 끌기도 하고 사라졌으며, 어떤 이론들은 유형화되기도 하였다. 그러나 아직까지 명확하게 이론을 제시하지는 못하고 있다. 이는 수업 상황이 매우 복잡하고 수많은 상황 변인에 따라 그 처방과 결과가 달라지기 때문일 것이다.

본 저서는 현장 교사들의 수업에 대한 전문성 신장과 수업모형에 대한 이해의 폭을 넓혀주기 위한 목적으로 집필되었다. 이를 위해 제1장에서는 수업과 수업모형의 이해를 다루었고, 제2장에서는 수업모형을 위한 수업계획, 그리고 제3장에서는 학자들의 수업모형을 일반 모형, 설명식 모형, 사고력 증진 모형, 사회 상호작용 모형과 정의적 모형으로 유형화한 후 차례대로 소개하였다.

제1장 수업과 수업모형에서는 수업과 수업모형의 의미, 여러 학자들의 수업모형 유형 분류를 소개하고, 수업모형 선정 시 고려 사항 등을 서술하였다. 또한 제2장 수업모형에 따른 수업계획에서는 수업계획의 절차, 내용 및 학습과제 분석, 수업목표의 진술 및 진술 형태, 교수－학습 과정안의 작성 등을 설명하였다. 마지막으로 제3장 수업모형의 유형에서는 각각의 유형에 적합한 대표적인 학자들의 수업모형을 소개하였다. 일반 모형에는 Glaser(1976)와 한국교육개발원(1973)의 수업모형, 설명식 모형에는 Ausubel(1963)의 선행조직자 수업모형, Rosenshine & Stevens(1986)의 지시적 수업모형과 Joyce & Weil(2000)의 개념 획득 수업모형을 제시하였다. 또한 사고력 증진 모형에는 Suchman(1962)의 탐구훈련 수업모형, Parnes(1966)의 창의적 수업모형과 Barrows(1994)의 문제중심학습 수업모형, 사회 상호작용 모형에는 Hill(1969)의 토의수업모형, Shaftel & Shaftel(1967)의 역할놀이 수업모형과 Johnson & Johnson(1975)의 협동학습 수업모형을 소개하였고, 정의적 모형에는 Knowles(1980)의 자기주도적 학습 수업모형과 Glasser(1986)의 학급회의 수업모형을 제시해 놓았다. 특히 현장 교사들이 실제 수업에서 수업모형을 적용해 볼 수 있도록 각각의 수업모형에 따른 실제 적용 사례를 교수－학습 과정안으로 구성하였다. 본 저서에서 소개하는 교수－학습 과정안 역시 예시에 불과하기 때문에 다양한 관점과 시각에 따라 다르게 적용될 수 있을 것이다.

이번에 발간되는 '현장 교사를 위한 수업모형'은 한국교원대학교 교육과학연구소에서 시리즈로 발간하는 교육연구에세이 목록가운데 첫 번째 저서로서, 현장 교사에게 도움이 될 만한 수업모형을 중심으로 구성하였다. 따라서 학교 현장 교사 또는 예비 교사들에게 유용한 자료로 활용되기를 바란다. 끝으로 본 저서가 출판되기까지 물심양면으로 도움을 준 한국교원대학교 교육학과 교수님들과 출판에 도움을 준 동문사 직원들께도 감사의 말씀을 드린다.

2010년 1월

다락리 연구실에서 저자를 대표하여

권 낙 원

차 례

01

수업모형의 이해

1. 수업과 수업모형의 의미
2. 수업모형의 유형 분류
3. 수업모형 선정 시 고려사항

제1장 수업모형의 이해 부분에서는 수업모형에 대한 전반적인 이해를 위해 먼저 수업과 수업모형의 의미, 수업모형에 대한 학자들의 유형 분류, 수업모형 선정 시 고려 사항을 중심으로 논의하고자 한다. 수업과 수업모형에 대한 정의는 다양하며 합의된 정설은 없지만, 여러 학자들의 정의를 검토하여 종합적인 견지에서 정의하고자 한다. 또한 수업모형에 대한 견해는 수업에 대한 관점에 따라 다르게 분류될 수 있기 때문에 본 장에서는 여러 학자들의 견해를 소개하고자 하며, 수업모형 선정 시 고려사항에서는 수업모형 선정의 준거가 되는 교사, 학생, 교육과정을 중심으로 살펴보고자 한다.

1. 수업과 수업모형의 의미

가. 수업

학교교육 활동에서 가장 핵심적인 활동 중 하나는 수업이다. 아무리 교육목표가 잘 설정되고 교육 내용이 잘 선정되었다 하더라도, 이러한 의도와 내용을 전달하는 과정이 잘못된다면 교육의 큰 효과를 기대하기 어려울 것이다. 목표와 내용이 교육과정의 영역이라면 이를 전개해 나가는 과정은 수업 영역에 속한다. 그러나 현장에서는 수업과 유사한 용어로써 교수라는 개념과 학습이라는 개념이 널리 사용되고 있다. 학교현장에서는 수업과 교수를 동일한 의미로 사용하기도 하고, 수업을 교수와 학습을 포함하는 포괄적 의미로 사용하기도 한다. 그러나 많은 학자들은 수업과 교수 개념을 구분하여 사용하려는 경향이 있다.

Green(1971)은 교수(teaching)라는 개념 속에 조건화, 훈련, 교화, 수업을 포함시키고 있다. 그는 교수활동은 크게 행동을 형성하는 활동과 지식이나 신념을 형성하는 활동으로 보고, 훈련이나 조건화는 행동 형성을 강조하는 활동, 수업이나 교화는 지식이나 신념의 형성을 강조하는 활동으로 보고 있다.

우선, 교수와 훈련과의 관계에 대하여 살펴보면, 교수와 훈련은 밀접히 관련되어 있다고 한다. 예를 들어 새로운 비행기를 조종하도록 가르칠 때, 우리는 조종사를 훈련한다고 하지 교수한다고 말하지는 않는다. 훈련이라는 용어는 주로 행동을 형성하는데 사용되는 개념이지만 교수란 행동을 형성하는 것은 물론, 지식을 전달하고 신념을 형성하는데 사용되는 개념이다. 따라서 교수란 훈련보다 더 넓은 개념인 것이다. 또한 교수와 훈련을 구분하는 기준으로 지성을 생각할 수도 있다. 교수는 지적인 작용이 보다 많이 작용하지만 훈련은 교수만큼 지적인 작용이 많이 작용되지는 않는다.

훈련과 조건화도 구분될 수 있다. 앞에서 교수와 훈련은 중복된 부분도 있고 중복되지 않은 부분이 있음을 설명하였다. 교수나 훈련 모두 행동을 형성한다는 점에 있어서는 같으나, 지성을 나타내는 행동을 형성한다는 의미에서 교수와 훈련은 구분된다. 교수의 본질적 특성은 지성을 강조하는 데 있다. 만일에 개가 두 발을 내밀거나 물건을 가져오도록 가르쳐 이러한 행동이 나타나는 경우, 교수와 훈련은 같은 개념이다. 왜냐하면 지성이 작용하였기 때문이다. 그러나 개에게 종소리를 들려주었을 때 타액을 분비하는 경우, 우리는 개를 교수한다거나 훈련한다는 말을 하지 않는다. 이 경우에 우리는 개를 조건화시킨다고 말한다. 왜냐하면 종소리에 대한 타액 분비는 자동적인 반응이지 지적인 작용이 아니기 때문이다.

수업과 교수에도 차이가 있다. 앞에서 개를 훈련하여 명령에 따라 개가 행동할 때 특히, 잘 훈련된 개가 명령에 따라 행동할 때 우리는 교수와 훈련이라는 개념을 사용할 수 있다고 하였다. 그러나 우리는 개를 수업한다고 볼 수는 없다. 우리는 개를 앉도록 훈련시킬 때 명령하거나 개를 떠밀거나하여 개의 반응에 따라 보상이나 처벌을 가한다. 우리는 개에게 그 명령을 설명할 수도 없으며 개 또한 왜?, 혹은 그게 무슨 뜻이냐? 라는 질문을 할 수 없다. 이러한 의사소통의 과정이 없기 때문에 개에게 수업을 한다기보다는 훈련한다고 말한다. 다시 말하면 수업에는 일종의 대화가 있고 그 대화의 목적은 이유를 제기하고, 증거를 제시하고, 정당화하며, 설명하고, 결론을 내리기 위한 것이다. 수업은 반드시 교수를 동반한다. 그러나 교수를 한다고하여 반드시 수업한다고 볼 수는 없다.

수업과 교화에도 차이가 있다. 수업과 교화도 훈련과 조건화와 마찬가지로 중복되는 부분이 있다. 이 둘은 모두 지식과 신념을 형성시킨다는 점에 있어서는 같은 개념이나 교화는 "…을" 가르치고, 수업은 "…을 하다"를 교수한다는 점에 차이가 있다. 이것은 수업이 교화보다 훈련에 더 가깝다는 의미이다. 그러나 수업과 교화의 중요한 차이 중 하나는 성공의 기준이 다르다는 점이다. 교화는 신념의 내용 자체에 큰 비중을 두며, 그 신념의 수용을 목적으로 삼는데 반하여 수업은 신념의 내용 자체의 수용이 아니라 신념의 근거에 비중을 두고 있다. 따라서 수업의 성공 여부는 학생이 교사가 가르치는 신념에 대하여 충분한 근거를 갖고 있느냐에 달려있다. 가령 그 신념을 수용하지 않더라도 충분한 근거만 갖고 있다면, 그 수업이 성공적이라고 본다. 그러나 교화는 학생이 교사가 가르치는 신념에 대하여 충분한 이유를 갖고, 마음에 내키지 않는다 하더라도 그 신념을 수용해야만 성공적이라고 보는 것이다.

이상의 논의를 통하여 수업의 특징을 다음과 같이 요약할 수 있을 것이다.

첫째, 훈련이나 조건화와 마찬가지로 수업과 교화는 중복되는 개념이다. 그러나 수업과 교화는 차이가 있다. 지식이나 신념을 형성시킨다는 점에 있어서는 유사한 점이 있지만, 교화는 누군가에게 무엇을 가르치지만 수업은 누군가에게 무엇을 하도록 가르친다는 점에 있어 차이가 있다. 이 말은 곧 수업은 교화보다는 훈련과 더 관련이 있다고 할 수 있다.

둘째, 수업과 교화의 현저한 차이는 성공의 기준에 있다. 수업의 성공은 신념에 대한 정당한 이유나 근거를 제시하는 것이지만, 교화의 성공은 교사가 가르치는 신념에 대한 수용인 것이다.

셋째, 수업은 지성을 통하여 신념을 가르치는 것을 목적으로 삼지만 교화는 그렇지 못하다. 이러한 점에서 교화는 조건화와 같다. 조건화에는 조건화되는 행동의 바람직성은 문제 삼지 않는다.

넷째, 교수가 지성을 확대시키는 활동이라면 수업은 교수의 속성을 철저히 반영하는 활동이다. 즉, 교수의 본질은 수업에 있다.

이상에서 소개한 Green의 설명과는 달리 수업을 교수보다 더 포괄적으로 보는 학자도 있다. Macdonald(1965)에 의하면 교수란 교사의 전문적인 역할을 수행하는 행위이고, 학습이란 학습자가 학습과제를 수행하는 행위이며, 수업이란 교수－학습 과정을 의미한다. 다시 말하면 교수행위와 학습행위가 곧 수업이라고 본다. 또한 Hosford(1973)에 의하면 교수는 교사와 학생간의 상호작용을 통해 학습자의 학습목표 성취를 통제하는 직접적 시도이며, 수업은 학습자의 학습목표 성취에 영향을 미치는 간접적 과정으로 교수는 수업의 중심적 활동으로 보고 있다. 여기에서 직접적 과정이란 설명하고, 결론을 내리고, 이유를 묻고, 추론하며, 정의하고, 증명하고, 증거를 대는 행위를 뜻한다고 볼 수 있다. 그러나 간접적 과정이란 교사의 활동을 포함한 분위기 조성, 자료제시, 기타 환경조성을 통하여 학업성취를 높이려는 과정이라고 볼 수 있다. Gagné & Briggs(1979)는 수업이란 학습이 일어날 수 있도록 학습자의 내적, 외적조건을 체계적으로 조정하는 것으로 정의하여 역시 수업이 교수보다 더 포괄적인 의미로 사용하고 있다. 그에 의하면 내적조건이란 학습자에게서 일어나는 주의집중, 동기, 선수학습 등을 의미하는데 반하여 외적조건이란 각종매체를 포함한 교수－학습 자료와 교수방법 및 전략을 포함하는 개념으로 보고 있다.

이상에서 살펴 본 여러 학자들의 견해와 함께 본 저서에서는 수업을 교수보다 넓은 개념으로 사용하고자 한다. 수업은 교수활동과 학습활동을 포함하는 개념이며 학습의 성취를 목적으로 삼는다. 즉 수업이란 지식, 기능, 가치 등의 학습이 일어나도록 환경을 계획적으로 조작하는 것이다. 여기에서 환경이란 Gagné가 지적하고 있는 내적조건과 외적조건을 포함한다. Ryan의 수업분류로 볼 때, 외적조건의 조작은 논리적 교수행위와, 내적 조건의 조작은 전략적 교수행위와 일치한다고 볼 수 있다. 논리적 교수행위에는 설명, 증거제시, 증명하기, 비교하기, 추론하기, 정의하기와 같은 행위가 포함되고, 전략적 행위에는 동기유발, 평가, 계획, 훈육, 반응, 격려와 같은 행위가 포함된다.

나. 수업모형

우리나라에 수업모형이라는 용어가 언제부터 사용되기 시작했는지는 정확히 알 수 없으나 아마도 1960년대가 아닌가 생각된다. 그 이후 수업모형이라는 용어가 학교현장에 널리 사용되었으며 오늘날 이 용어는 일반화되어 있다. 그러나 수업모형이 무엇을 의미하는지에 대해서는 아직도 교육학자나 교육자들 사이에 합의가 이루어져 있지 않다. 따라서 수업모형의 이해를 돕기 위해 우선 그 정의부터 논의할 필요가 있다. 교육학 용어 사전에는 수업모형을 다음과 같이 정의하고 있다.

> "수업모형이란 복잡한 수업현상이나 수업사태를 그 특징적 사태를 중심으로 단순화시킨 형태이다."

다시 말하면, 수업현상을 구성하는 변인들 간의 관계를 단순화시킨 형태이다.

김호권(1985)은 「학교학습의 탐구」라는 책에서 모형을 다음과 같이 정의하고 있다. "모형이란 그것이 재현시키려고 하는 실물이나 원형의 여러 가지 특징을 빠짐없이 갖추고 있는 것이 아니라, 실물이나 원형이 지니고 있는 몇 가지 특징을 간추려서 표현하고 있다. 따라서 모형은 언제나 실물이나 원형보다는 간단하고 축소된 형태를 취하고 있다."

또한 Cole & Chan(1987)은 “수업모형이란 수업의 실제를 기술하기 위해 수업의 주요 특징을 요약해 놓은 설계도 또는 계획이다.”라고 정의 하고, Eggen & Kauchak(1988)은 “수업모형이란 특수한 수업목적을 달성하기 위한 처방적인 수업전략이다”라고 정의하고 있다.

이상의 정의를 종합해 보면 수업모형이란 복잡한 수업현상을 기술하고 설명할 수 있으며 나아가 예언할 수 있는 수업의 주요 특징을 간추려 체계화시켜 놓은 형태 또는 전략이라고 정의할 수 있다.

2. 수업모형의 유형 분류

학자들마다 수업을 보는 관점이 다르며 이에 따라 여러 가지 수업모형이 제시되었지만 아직도 수업모형을 어떻게 분류할 것인지에 대해서는 합의가 이루어져 있지 않다. Nuthall & Snook(1973)는 수업모형을 행동통제 모형, 발견학습 모형, 합리적 모형으로 구분하였고, Rosenshine(1976)은 수업모형을 두 가지 유형으로 나누었다. 제 1유형에 속하는 수업모형은 행동분석, 구체적, 구조적 모형이고, 제 2유형에 속하는 수업모형은 탐구지향, 학습자 중심, 학습자 선택 모형이다. Joyce & Weil(2000)은 수업상황에 따라 다른 절차가 필요하다는 생각 아래 수업모형을 크게 네 영역으로 나누고 각 영역마다 몇 개의 수업모형을 소개하고 있다. 네 영역은 사회 상호작용 모형,

정보처리 모형, 정의적 모형, 행동수정 모형이다. Cole & Chan(1987)은 이미 교실 현장에서 사용되고는 있으나 교사들조차도 잘 의식하지 못하고 사용하고 있는 모형들을 체계화하였다. 그가 체계화해 놓은 모형들은 인성특징 모형, 행동주의 모형, 교과방법 모형, 수업기술 모형, 역할모형, 수업원리 모형 등이다. 이에 대해 김호권(1985)은 수업모형의 유형 분류에 앞서 학교 수업의 관점을 크게 수업운영 원리적 측면, 학습조건의 측면, 교사행동의 측면으로 나누고 각 관점에 대한 수업모형을 수업전략 모형, 학습조건 모형, 교사행동 모형으로 나누었다. 다음 <표 1>은 이상에서 살펴 본 학자들의 유형 구분을 비교한 것이다.

〈표 1〉 학자별 수업모형 유형 비교

학 자	유형 구분
Nuthall & Snook (1973)	행동통제 모형, 발견학습 모형, 합리적 모형
Rosenshine (1976)	제1유형(행동분석, 구체적, 구조적 모형), 제2유형(탐구지향, 학습자 중심, 학습자 선택 모형)
Cole & Chan (1987)	인성특성 모형, 행동주의 모형, 교과방법 모형, 수업기술 모형, 역할 모형, 수업원리 모형
Joyce & Weil (2000)	정보처리 지향적 모형, 사회적 발달 모형, 개인적 발달 모형, 행동적 발달 모형
김호권(1985)	수업 절차 모형, 학습조건 모형, 교사 행동 모형

이상의 관점을 종합해보면 수업의 구조에 따라 수업모형을 구분하는 관점, 학습의 조건에 따라 수업모형을 구분하는 관점, 수업의 운영에 따라 수업모형을 구분하는

관점이 있다. 김호권(1985)이 분류한 교사행동 모형은 수업의 구조에 따라 분류될 수 있는 수업모형이다. 이에 대한 이해를 위해 Cole & Chan(1987), Joyce & Weil(2000)과 김호권(1985)의 수업모형 유형 분류에 대한 자세한 설명을 덧붙이고자 한다.

가. Cole & Chan(1987)의 수업모형 분류

Cole & Chan은 수업 실제에 사용되고 있는 모형을 체계화하여 수업모형을 정리하고 그 유형을 인성특징 모형, 행동주의 모형, 교과방법 모형, 수업기술 모형, 수업원리 모형, 역할 모형으로 나누었다. 이에 대한 구체적인 설명은 다음과 같다.

① 인성특징 모형

이 모형에 의하면, 가장 훌륭한 교사란 이상적인 인성특징을 가진 교사를 의미한다. 어떠한 학자들은 교사에게 요구되는 인성특성으로 감정이입, 열성 또는 정신적 에너지를 들고 있으며, 또 다른 학자들은 사려성, 온정, 이해심, 진실성, 건전한 도덕성과 같은 인성특성이 요구된다고 한다. 이러한 인성특성은 학생들의 학습효과에 영향을 미친다는 것이다.

이러한 접근 방법은 교사로 하여금 긍정적인 인성 특성을 갖도록 장려하기 때문에 유용한 방법이다. 또한 이 모형은 교사로부터 좋은 인성 특성을 학생들로 하여금 모방하도록 한다는 점에 있어서도 유익한 모형이라고 할 수 있다.

② 행동주의 모형

이 모형은 교사가 조작적 조건화 기법을 적용하여 학생들의 행동을 변화시킬 수 있다는 가정에 기초를 두고 있다. 행동주의적 관점은 교실을 학습 실험실로 본다. 이 모형에서는 교사는 학습 환경과 자료를 통제할 것을 요구한다. 교사는 모범적인 수업을 전개하고 상과 벌을 상황에 따라 적절히 사용하고 학생의 반응 빈도를 정확히 기록하여 학습 환경이나 자료를 통제해 나간다.

③ 교과방법 모형

이 모형은 교과의 주제마다 특수한 기법이나 일상적인 방법을 필요로 한다는 주장에 근거하고 있다. 이러한 기법은 단계적 절차를 강조하며 일정한 수업의 계열을 필요로 한다. 예를 들면 어느 특정 학년의 수학의 연산을 가르칠 경우, 영어를 가르칠 경우 또는 과학을 가르칠 경우 교과마다 다른 수업 기법을 활용해야 한다는 것이다.

④ 수업기술 모형

이 수업모형은 최근 수년에 걸쳐 교사의 전문성 발달에 지배적인 영향을 미쳐온 모형으로서 종종 소규모 수업(micro teaching)이라고도 불리운다. 이 모형은 설명, 수업 경영, 발문과 같은 수업기능을 강조한다. 또한 이 모형은 특정 교과의 수업을 강조하는 교과방법 모형과는 달리 여러 교과에 있어서 학생의 학습을 촉진시켜 주는 수업기술과 특정교사의 행동에 초점을 두고 있다. 소규모 수업은 실제 수업 상황을 축소시켜 전개되는 데 이러한 방법을 통하여 획득된 수업기술이 실제상황에는 그대로 적용되지 않는다는 단점이 있다.

⑤ 역할 모형

이 모형은 심리학 및 사회학 이론으로부터 도출된 수업모형이다. 역할이론은 사회에서 여러 역할을 담당하고 있는 사람들의 행동, 태도, 인성 양식을 상세히 밝혀 놓고 있다. 이 접근 방법에 의하면 수업에 요구되는 역할이란 타 직종에서 요구되는 역할이 집합된 것으로 교사는 상황에 따라 상담자, 감독자, 행정가 또는 집단 지도자의 역할을 수행해야 한다. 이러한 입장을 지지하는 사람들은 이상적인 상담자, 감독자, 행정가, 지도자의 특성을 밝히고 마치 교사가 상기의 사람처럼 행동한다면 수업은 효과적일 수 있다고 주장한다. 그러나 수업이란 타 직종에서 요구되는 능력과는 다른 능력이 요구되므로 이 모형은 효과적일 수 없다는 비판이 일고 있다. 또한 교사는 일반 상황에서 요구되는 역할보다는 관련 있는 특수한 상황에서 요구되는 역할을 수행하는 것이 더 중요하다.

⑥ 수업원리 모형

수업원리 모형은 어느 특정 교과가 아니라 여러 다양한 교과, 여러 수업 상황에 공통적으로 적용될 수 있는 원리가 존재한다는 견해에 기초를 둔 수업모형이다. 이러한 원리들은 교사의 행위를 통제하고 안내해주는 가정들로서 여러 교과에서의 수업전략, 수업방법, 수업기법을 결정해 주는 데 도움이 된다. 이 수업모형은 또한 교사가 어느 상황에서나 사용해야만 하는 방법이나 기법을 구체적으로 제시하기 위한 지침이나 기준을 제시해 주고 있다. 교사들은 이들 원리를 이해하고 적절하게 적용한다면 수업의 효과를 높일 수 있다. 이를 간단히 표로 정리하면 다음 <표 2>와 같다.

〈표 2〉 Cole & Chan(1987)의 수업모형 유형과 특징

유 형	특 징
인성특징 모형	▪ 이상적인 인성특징을 가진 교사가 훌륭한 교사라고 봄 ▪ 감정이입, 열성, 정신적 에너지, 사려성, 온정, 이해심, 진실성, 건전한 도덕성
행동주의 모형	▪ 조작적 조건화를 통화여 학생들의 행동을 수정해야 한다는 입장 ▪ 교실을 학습실험실로 간주함 ▪ 교사는 학습 환경과 자료를 통제할 것을 요구
교과방법 모형	▪ 교과의 주제마다 특수한 기법이 존재한다는 주장에 근거 ▪ 단계적 절차를 강조
수업기술 모형	▪ 소규모 수업(micro teaching) ▪ 설명, 수업 경영, 발문과 같은 수업 기능을 강조 ▪ 특정 교과의 수업을 강조하는 교과방법 모형과는 달리 여러 교과에 있어서 학생의 학습을 촉진시켜 주는 수업기술과 특정교사의 행동에 초점을 둠

유 형	특 징
수업원리 모형	▪ 특정교과가 아니라 다양한 교과, 여러 수업 상황에 공통적으로 적용될 수 있는 원리가 존재한다는 견해에 기초를 둠 ▪ 여러 교과에서의 수업전략, 수업방법 및 수업기법을 결정하는 데 도움이 됨
역할 모형	▪ 심리학 및 사회학 이론으로부터 도출된 수업모형 ▪ 교사는 상황에 따라 상담자, 감독자, 행정가 또는 집단지도자의 역할을 수행

나. Joyce & Weil(2000)의 수업모형 분류

Joyce & Weil은 Cole & Chan과는 달리 수업 상황에 따른 수업모형을 제시하고 있다. 그들이 분류한 수업모형 유형은 정보처리 모형, 정의적 모형, 사회적 모형, 행동체제 모형이다. 이에 대한 설명은 다음과 같다.

① 정보처리 수업모형

이 수업모형에 의하면, 정보처리란 인간의 감각적 응용기관을 통하여 입수된 자료를 모색하고 조직하면, 문제를 인지하여 해결책을 모색하는 과정이라 볼 수 있다. 따라서 정보처리 모형은 인간의 정보처리 능력을 길러주기 위한 수업모형으로 학습자에게 정보와 개념의 획득을 도와주는 모형, 개념형성과 가설 검증 능력을 길러주는 모형, 창의적 사고를 개발시켜 주는 모형으로 나누어진다. 결국 이 모형의 궁극적 목적은 학생들의 사고 기술을 길러주는 데 있다. Joyce & Weil은 정보처리 수업모형 유형에 속하는 수업모형으로 개념 획득 모형, 귀납적 수입모형, 탐구훈련 모형, 선행조직자 모형, 기억 모형, 지력계발 모형, 과학적 탐구 모형을 포함시키고 있다.

② 정의적 발달 모형

정의적 발달 모형들은 각 개인이 가지고 있는 자아상으로부터 시작된다. 이 모형들은 인간으로 하여금 인간 자신을 보다 잘 이해하고 자신의 교육에 대한 책임을 지며 질 높은 삶을 추구해 나가는 데 있어 현재의 발달 수준을 넘어서서 보다 분별 있고 보다 창조적인 인간이 되도록 도와주는 모형이다. 정의적 모형으로는 비지시적 수업모형, 창의적 문제해결 모형, 자가훈련 모형, 학급회의 모형 등이 있다. 정의적 발달 모형은 자아 존중, 자기 이해 그리고 타인의 입장존중에 대한 욕구를 충족시켜 줄 수 있는 수업모형이라고 할 수 있다.

③ 사회적 모형

사회적 모형들은 사회적 목표를 달성하기 위해 사회적 과정을 이용하도록 고안된 수업모형으로 이들 모형은 사회적 목표 이 외에 지력을 신장시키고 나아가 정보학습과 개념형성에 도움이 된다. 사회적 모형으로서 역할놀이, 법률탐구, 실험실 훈련, 사회과학 탐구모형 등이 있다.

④ 행동체제 모형

행동체제 모형은 사회적 학습이론, 행동수정, 행동요법

그리고 인공두뇌학 이론 등을 토대로 하여 개발된 모형이다. 이 모형의 기본 가정은 인간이 과제를 어떻게 성공적으로 수행할 수 있을 지에 대한 정보에 따라 자기의 행동을 수정해 가는 자기수정 의사소통 체제로 간주한다. 인간이 과제와 피드백에 반응하는 방법에 관한 지식을 이용하여 심리학자들은 자기수정 능력을 향상시킬 수 있는 과제와 피드백 구조의 조직 방법을 알게 되었다. 이 모형에서는 관찰 가능한 행동, 명확하게 정의된 과제 그리고 학생과의 의사를 촉진하기 위한 방법을 강조한다. 이 모형 유형에 속하는 수업모형으로는 완전학습, 지시적 및 사회적 학습이론, 자기통제 학습모형, 기능과 개념 개발 훈련모형, 주장성 훈련 모형이 포함된다. 표로 요약 제시하면 다음 <표 3>과 같다.

〈표 3〉 Joyce & Weil(2000)의 수업모형 유형과 특징

유 형	특 징
정보처리 모형	▪ 인간의 정보 처리 능력을 길러주기 위한 수업모형 ▪ 개념 획득 모형(학습자에게 정보와 개념의 획득을 도와주는 모형), 귀납적 수업모형, 탐구훈련 모형, 선행조직자 모형, 기억모형, 지력계발 모형, 과학적 탐구모형 등
정의적 모형	▪ 자아존중, 자기이해, 타인 존중에 대한 욕구를 충족시켜줄 수 있는 수업모형 ▪ 비지시적 수업모형, 창의적 문제해결 모형, 자각훈련 모형, 학급회의 모형 등
사회적 모형	▪ 사회적 목표를 달성하기 위해 사회적 과정을 이용하도록 고안 ▪ 역할놀이, 법률탐구, 실험실 훈련, 사회과학 탐구모형 등

유 형	특 징
행동체제 모형	▪ 사회적 학습이론, 행동수정, 행동요법, 인공두뇌학 이론 등을 토대로 함 ▪ 관찰 가능한 행동, 명확하게 정의된 과제, 학생과의 의사를 촉진하기 위한 방법 강조 ▪ 완전학습, 지시적 및 사회적 학습이론, 자기통제 학습모형, 기능과 개념 개발 훈련 모형, 주장성 훈련 모형 등

다. 김호권(1985)의 수업모형 분류

김호권이 제시하고 있는 수업 모형 유형에는 수업전략 모형, 학습조건 모형, 교사행동 모형이 포함된다. 이들 모형의 특징을 간단히 소개하면 다음과 같다.

① 수업전략 모형

이 모형은 수업의 운영 원리를 중심으로 체계화해 놓은 수업모형으로 Herbart의 5단계 교수설, 즉 예비－제시－비교－총괄－응용과 Glaser의 수업모형, 즉 수업목표－출발점 행동 진단－학습지도－평가로 구성된다.

수업전략 모형은 비교적 장기간에 걸친 일련의 수업 과정에서 어떤 수업활동이 먼저 있어야 하며, 어떤 수업활동이 뒤따라야 하는지를 규명하고 있다. 또한 이 모형의 궁극적 목적은 수업 과정의 생산성에 있다. 즉 수업의 순차적 배열을 어떤 모양으로 꾸미며, 수업의 각 단계에서 어떤 종류의 결정을 내려야 수업목표를 달성할 수 있는지가 최대의 관건이 된다. 또한 이 수업모형은 구체적인 지도기법이라기 보다는 수업과정에 대한 일종의 경영기법이라는 특색을 갖는다.

② 학습조건 모형

학습조건 모형이란 교과내용과 관련된 학습지도나 특정의 목표나 행동양식에 관련된 학습의 조건을 밝히려는 수업모형이다. 학습조건 모형에는 각 과 지도법, 탐구학습 모형, 선행조직자 모형, 개념수업 모형, 문제해결학습 모형 등이 있다.

③ 교사행동 수업모형

교사행동 수업모형은 효과적이라고 판단되는 교사의 행동을 분석하고 이들 행동을 실행함으로써 수업의 효과를 높이고자 하는 수업모형이다. 따라서 이 모형은 학습조건 모형과는 달리 어느 특정 교과나 목표를 대상으로 삼지 않기 때문에 일반 교과나 어떠한 목표나 내용을 가르칠 때에도 적용될 수 있는 수업모형이다. 이 입장을 대표하는 수업모형으로는 Flanders(1970)의 언어적 상호작용 분석 모형을 들 수 있다. Rosenshine & Furst(1973)는 과정－산출에 관한 연구를 검토한 후 다음과 같은 교사의 행동이 학생들의 학업성취와 유의미한 관계가 있음을 밝혀냈다. 따라서 이러한 수업행동을 실행하게 되면 효과적인 수업을 기대할 수 있다는 것이다. 즉 명확성, 수업활동의 다양성, 교사의 열성, 과제 지향성, 학습기회, 교사의 비지시성, 비판, 구조적 논평, 발문의 형태, 탐색성, 수업의 곤란도 등 인데 이 수업모형 역시 교과의 특이성을 고려하지 않고 있다는 점에서 수업의 일반적 모형에 속한다고 볼 수 있다. 이들 모형의 유형과 특징을 소개하면 다음 <표 4>와 같다.

〈표 4〉 김호권(1985)의 수업모형 유형과 특징

유 형	특 징
수업전략 모형	▪ 수업의 운영원리를 중심으로 체계화해 놓은 수업모형 ▪ Herbart의 교수단계설, Glaser의 수업모형이 해당됨 ▪ 구체적인 지도기법이라기 보다는 수업과정에 대한 일종의 경영기법
학습조건 모형	▪ 교과내용에 관련된 학습지도, 특정 목표나 행동양식과 관련된 학습의 조건을 밝히려는 수업모형 ▪ 각과 지도법, 탐구학습 모형, 선행조직자 모형, 개념수업 모형, 문제해결학습 모형 등
교사행동 모형	▪ 효과적이라고 판단되는 교사의 행동을 분석하고, 이들 행동을 실행함으로써 수업의 효과를 높이고자 하는 수업모형 ▪ Flanders(1970)의 언어적 상호작용분석 모형, Rosenshine & Furst(1973)의 과정－산출에 관한 연구 등

3. 수업모형 선정 시 고려사항

수업이란 교사가 학생들에게 지식, 기능, 태도를 길러주는 과정이다. 따라서 수업의 과정에는 교사, 학생, 교육과정이 존재하며 이들 세 요소는 서로 상호작용하게 된다. 따라서 수업모형에서도 이 세 요소를 고려하지 않으면 안 된다. 이러한 세 가지 요소를 중심으로 살펴보면 다음과 같다.

가. 교사

교사는 수업에 있어 가장 중요한 요소 중의 하나이다. 교사의 인성, 수업이론, 수업기술, 교직관 등은 수업에 커다란 영향을 미친다. 이러한 교사의 특성에 따라 어떠한 수업모형을 사용할 것인가가 결정될 것이다. 만일에 탐구수업 모형을 적용하려고 하는데 탐구수업 모형에 대한 지식이나 적용 방법을 모르고 있다면 탐구수업 모형을 적용할 수가 없을 것이다. 또한 탐구수업 모형을 적용할 수 있다하더라도 탐구수업 모형을 좋아하지 않는다면 탐구수업 모형은 적용될 수 없을 것이다. 따라서 어떠한 수업모형을 선정할 것인가는 교사의 특성에 따라 달라진다. 교사의 제 특성에 대한 준거로 크게 인지적 특성과 정의적 특성으로 나누기도 한다. 인지적 특성에는 교사의 지능, 적성, 교과에 대한 지식 및 교직이론 등이 포함된다. 정의적 특성으로는 사명감이나 교사의 자아개념, 교수의 효능감 또는 교사의 인격 등이 포함된다. 교사의 전문적 자질에 대해 Cooper와 Ryan이 제시하는 효과적인 전문적 특성에 대해 간략히 표로 제시하면 다음 <표 5>와 같다.

〈표 5〉 교사의 전문적 특성

교사변인	특 징
교직이론에 대한 지식	▪ 교직에 대한 지식과 기술을 갖고 있을 것이 요구됨 ▪ 교직에 관한 지식, 교과에 관한 지식, 교양에 관한 지식
교과에 관한 지식	▪ 교사가 가르치는 교과의 학문 ▪ 교과에 대한 지식 ▪ 지식에 관한 지식
교수기술	▪ 다양한 종류의 질문을 제시할 수 있는 능력 ▪ 학생의 행동을 효과적으로 강화할 수 있는 능력 ▪ 학생의 요구와 학습문제를 진단할 수 있는 능력 ▪ 학생들을 학습에 참여시키기 위해 학습상황을 변화시킬 수 있는 능력 ▪ 학생들의 행동이나 수업을 조정할 수 있는 능력 ▪ 시청각 기재를 활용할 수 있는 능력 ▪ 수업자료의 적절성을 판단할 수 있는 능력 ▪ 수업목표를 진술할 수 있는 능력 ▪ 학습을 학생의 경험과 관련지을 수 있는 능력 ▪ 학생들에게 내용을 효과적으로 전달할 수 있는 능력
교사의 태도	▪ 진실성 또는 성실성 ▪ 학습자를 소중히 여기는 것 ▪ 공감적 이해를 하는 것 ▪ 교과에 대한 열성
교사의 인지발달	▪ 교사의 인지발달 수준은 교사의 수업에 결정적인 영향을 미침

나. 학습자

두 번째로 수업모형의 선정 시 고려해야 할 사항은 학습자 변인이다. 개별 학생은 수업전략에 따라 다르게 반응한다. 이러한 차이에 대한 연구로서 적성－처치 상호작용이라는 모형이 있다. 이 모형에 의하면 학습자의 특성에 적합한 수업전략을 사용했을 때 학습효과는 극대화

된다는 것이다. 수업모형 선정에 고려해야 할 학습자 특성은 여러 가지가 있다. 학습 능력도 그 중의 하나이다. 학습능력이 낮은 학습자에게는 교사의 상세한 설명이 요구되지만 학습능력이 뛰어난 학습자에게는 오히려 탐구수업이 효과적이다. 학습동기도 중요한 학습자 특성이다. 수업모형의 효과는 학습자가 얼마나 학습에 적극적으로 참여하느냐에 달려 있다. 학습동기가 강한 학습자는 학습에 적극적으로 참여하겠지만 학습동기가 약한 학습자는 학습에 소극적으로 참여하게 된다. 이 외에 학습자의 인지발달 수준, 태도, 가치, 인간의 기본 욕구도 중요한 학습자 변인이다.

다. 교육과정

수업모형 선정에 영향을 미치는 마지막 요소는 교육과정이다. 교과 또는 학문을 강조하는 교육과정에서는 지식을 습득·발견하는 데 목적이 있다. 따라서 지식의 구조와 학문의 탐구방법을 지도하는 데 도움이 되는 수업모형이 선정되어야 한다. 이 수업모형에 적합한 수업방법으로는 강의법, 토의법, 관찰법, 탐구법이 있다. 구체적인 능력중심 교육과정에서는 분석적이고, 계열적인 수업모형을 필요로 한다. 학생들에게 필요한 구체적인 지식, 기능을 규명하고 이들을 난이도에 따라 계열을 구성한 다음 이들 지식, 기능을 달성하기 위한 수업모형을 모색해야 할 것이다. 이러한 교육과정에 적합한 수업모형으로는 수업체제 설계모형, 프로그램 수업 등이 있다. 인간중심 교육과정에서는 인성의 특성과 정의적 과정을 기르는 데 주 목적이 있다. 이러한 특성을 기르는 데 적합한 수업모형으로는 역할놀이 수업모형, 비지시적 수업모형, 가치명료화 수업모형 등이 있다. 사회적 기능 활동 중심 교육과정에서는 학생으로 하여금 사회활동에 참여시켜 문제를 해결하도록 하고 있다. 이러한 교육과정에 적합한 수업모형으로는 집단조사, 법률탐구 수업모형 등이 있다. 흥미와 요구, 활동중심 교육과정에 적합한 수업모형으로는 창조적 문제해결 모형, 자율학습 모형 등이 있다.

02

수업모형에 따른 수업계획

제2장 수업모형에 따른 수업계획 부분에서는 수업계획에 대한 일반적인 의미와 절차, 내용과 학습과제 분석, 수업목표 진술과 수업목표 진술 형태를 설명하고, 마지막으로 교수-학습 과정안의 작성에 대해 소개하고자 한다.

1. 수업계획

수업에 있어 일차적 과제는 수업을 계획하는 일이다. 하찮은 여행에도 계획이 필요하듯 복잡하고 어려운 수업에 계획이 필요함은 두말 할 나위가 없다. 그럼에도 불구하고 수업계획의 필요성에 대하여는 찬성과 반대의 의견이 엇갈리고 있다.

수업계획이 필요하다는 입장은 Corey의 수업의 정의에 잘 나타나 있다. Corey에 의하면 "수업이란 학습자가 특정한 조건하에서 특정하게 행동하는 것을 배울 수 있도록 학습자 개인을 둘러싸고 있는 환경을 계획적으로 조작하는 과정"이라 하였다. 이 정의에서 보면 수업에는 의도가 있고, 이러한 의도는 계획적 조작에 의하여 성취된다는 것이다. 따라서 계획이 비체계적어서 그냥 되는 대로 수업이 이루어진다면 소기의 성취를 거둘 수 없는 것이고, 보다 체계적으로 철저하게 수업이 이루어지면 수업은 소기의 성과를 거둘 수 있는 것이다. 반면에 체계적 수업이 오히려 수업의 효과에 방해가 된다는 입장은 수업이 계획대로만 이루어지면 너무 기계적이고 그 결과도 너무 제한적이어서 수업과정과 그 결과의 다양성이 저해된다는 것이다. 따라서 수업의 계획에는 너무 분석적이고 체계적이기 보다는 보다 유연하고 개방적이고 수정가능성을 내포하고 있어야 한다고 주장한다. 그러나 지나치게 수정의 여지가 많은 계획도 좋지 않다. 결국 이 두 입장을 절충하는 것이 좋은 수업계획이 될 것이다. 즉, 수업계획은 체계적이면서 동시에 유연하여 수정의 가능성을 갖고 있어야 한다.

수업계획에는 연간계획, 주간계획, 단원계획, 일일계획, 차시계획 등이 있을 수 있다. 여기서는 이 모든 계획을 모두 설명할 수는 없고 주로 차시계획을 중심으로 논의하고자 한다. 우선 수업계획의 절차부터 알아본다.

2. 수업계획의 절차

수업계획의 절차에 있어서는 학자들마다 관점에 따라 다양하게 제시하고 있다. 그 가운데 대표적인 것 중의 하나는 Moore의 수업계획 절차이다. 그는 수업계획 절차를 다음과 같이 7단계로 나누어 제시하고 있다.

제1단계는 내용을 결정하는 단계, 제2단계는 목표 진술단계, 제3단계는 수업의 도입단계, 제4단계는 수업전략의 선정단계, 제5단계는 수업의 정리단계, 제6단계는 수업의 평가단계, 제7단계는 새로 가르칠 내용을 결정하는 단계이다. 여기서 주목할 점은 제6단계의 평가결과에 기초하여 제7단계의 새로운 내용을 결정하게 된다는 사실이다. 이제 각 단계를 좀 더 자세히 살펴본다.

1단계는 가르칠 내용을 결정하는 단계인데, 주로 교과서와 교육과정지침, 학습자들의 요구분석 등을 통하여 내용을 결정한다. 통상 학생의 요구는 6단계의 평가결과와 과거수업의 관찰결과에 의하여 결정된다. 일단 내용이 결정되면 2단계의 내용과 관련하여 학습자들에게 기를 지식, 기능, 태도 등을 결정하여야 한다. 다시 말하면 수업목표를 결정해야 한다. 목표란 결국 수업이 끝난 후에 학생들이 행할 수 있는 바를 정확히 표현한 것이어야 한다. 3단계는 수업의 도입단계로, 이 단계의 목적은 학생들의 주의를 집중시키는 것이다. 이 도입은 일반적으로 set induction이라고도 한다. 4단계는 수업전략 선정단계로 사실 이 단계가 수업에서 가장 중요한 단계이다. 학습과제, 학생들의 학습양식, 발달특징, 교실환경 등을 고려하여 최적의 수업전략을 선정하여야 한다. 5단계는 정리단계로 학생들이 학습내용을 충분히 이해하도록 수업을 마무리하여야 한다. 6단계는 어떻게 보면 마지막단계로 평가의 단계이다. 교사는 학생들이 주어진 목표에 도달했는지를 결정해야 한다. 그렇다고 평가가 수업의 종결을 의미하는 것은 아니며 그 다음 수업계획의 출발점이 되는 것이다.

3. 내용의 분석

수업을 계획하려면 제일 먼저 해야 할 일은 수업목표를 설정하는 일일 것이다. 그런데 수업목표를 선정하기 위해서는 교과내용부터 분석하여야 한다. 내용분석에 관하여 Price와 Nelson은 교과내용의 개요, 과제분석 또는 개념분석, 원리진술, 핵심용어와 어휘정의, 선수학습기능과 지식으로 나누고 있다.

교과내용 개요란 수업에서 다룰 구체적 내용의 개요를 말하며, 이것은 선언적 지식을 가르치기 위하여 조직된다. 과제분석이란 절차나 전략을 가르칠 목적으로 수업을 계획할 때 사용되는 것이다. 일반적으로 절차나 전략은 학생들이 구체적으로 무엇인가를 행하기를 바라는 것으로 과제분석을 통하여 잘 나타날 수 있다. 절차란 말 그대로 과제를 완수하게 하는 일련의 단계라고 볼 수 있다. 이것은 학문적 내용이 될 수도 있고, 사회적 내용이 될 수도 있으며, 어떠한 학급의 일상을 나타낼 수도 있다. 전략이란 절차의 하위 유목으로 볼 수 있다. 전략은 학생들의 학습하는 방법을 돕는 하나의 기법으로, 예를 들면 어떻게 노트정리를 하는지를 돕는 일 또는 어떻게 기억하는 지를 돕는 일이 이에 포함된다. 과제분석은 어떻게 보면 가르칠 내용에 따라 방법이 달라지는데 어느 경우는 일반적으로 따라야할 일련의 단계로 기술될 수도 있고 또 어느 경우에는 꼭 순서를 지킬 필요는 없으나 여러 하위기능을 분석하는 경우도 있다.

개념분석은 주로 개념을 가르치기 이전에 시도되는 내용분석 방법이다. 개념분석에는 ① 개념의 정의 ② 모든 본보기에서 발견되는 특징적인 결정적 속성 목록 ③ 모든 본보기에서 찾아볼 수 없는 비 특징적이고 비결정적인 속성 목록 ④ 본보기의 목록 ⑤ 비본보기의 목록 ⑥ 관련개념 목록이 포함된다.

원리진술은 원리를 가르치기 위하여 시도된다. 원리란 두 개념 또는 그 이상의 개념들 간의 관계를 규정하는 규칙인 셈이다. 이들은 대체로 인과형태 또는 손가락 법칙과 같은 형태를 띤다. 예를 들면, '물은 화씨 32°F에서 언다.'라던가 '효과적인 기억전략을 사용한다면 정보의 파지가 더 잘된다.'와 같은 경우이다. 모든 교과내용영역에는 단순하거나 복잡한 원리가 있다.

핵심용어와 어휘 분석은 핵심용어나 전문적인 어휘를 찾아 이를 정의하는 일이다. 이 정의는 학생들이 이해할 수 있는 단어로 진술되어야 한다. 대부분 이러한 분석을 쉽게 생각하여 사전이나 용어집 등을 사용하여 정의를 그대로 사용할 수 있으나, 학생들은 이를 잘 이해하지 못할 수 있다. 따라서 학생들이 이해 가능하도록 용어나 어휘를 검토하여 재 진술하여야 한다.

선수학습기능과 지식은 학생들이 본시 과제학습에 들어가기 이전에 꼭 습득하여야 하는 것이다. 어느 경우에는 그 기능이 보다 일반적이고 광범위한 기능이 될 수도 있지만 어느 경우에는 구체적인 기능이 될 수도 있다. 그렇다고 모든 선수학습기능과 지식을 모두 열거하는 것은 필요하지 않을지 모르나, 이들 요소들을 고려하는 것은 중요하다 하겠다.

이상의 설명을 요약해 본다면, 개념을 가르칠 때는 개념분석을, 절차나 전략을 가르칠 때는 과제분석을, 주제를 가르칠 때는 교과내용의 개요를, 원리를 가르칠 때는 원리진술을 하여야 하며, 모든 일반 수업에서는 핵심용어와 어휘정의를 주어진 내용이 주어진 학생들에게 적합한지를 알려면 선수학습기능과 지식을 분석하는 것이 바람직하다.

4. 학습과제분석

교육이나 훈련 프로그램을 개발하고자 할 때 우선적으로 해야 하는 일 중의 하나는 성취하고자 하는 과제의 본질을 분석하는 일이다. 과제라 함은 하위 수준의 지식이나 기능으로부터 이와 관련된 보다 높은 수준의 지식이나 기능 등이 위계적으로 구성되어 있는 지적 능력과 기능의 총체적 체계를 말한다.

과제분석이란 설정된 목표 수준이나 선정된 과제를 숙지·숙달하는 데 필요한 과정이나 절차를 알아보는 방식, 또는 설정된 목표를 달성하기 위하여 무슨 일을 해야 할 것인가를 알아보는 방법이라고 볼 수 있다. 그러므로 과제분석에서 수행해야 하는 일은 과제를 구성하고 있는 요소들을 최소의 단위나 최하위 수준의 단위까지 세목화하고, 세목화된 부분이나 단위들이 서로 어떻게 연관되어 있고 조직되어 있는지를 알아보는 것이다.

학습과제분석은 다음과 같은 점에서 필요하다. 즉 학생들에게 어떠한 행동을 육성시킬 것인가에 대한 목표수립을 위하여 학생들이 수행하게 될 학습활동이 무엇인지를 분명하게 알기 위하여, 학습활동의 계열성이나 위계성에 따라서 학생들이 선수학습요소를 파악하기 위하여, 학습활동을 어떠한 순서로 전개해야 효율적인가를 알기 위하여, 학습의 위계구조에 따라서 학습활동을 촉진시킬 수 있는 학습 보조 자료의 제작을 구체화하고 적절한 시기에 활용하기 위하여, 학습활동의 결과 또는 숙달 수준을 평가할 수 있는 준거를 마련하기 위하여 필요하다.

학습과제의 유형은 과제의 성격, 과제 영역의 특성에 따라서 주제, 작업, 기능으로 나눠진다(Garlisle, 1984; Davies, 1973).

주제는 지적인 영역과 관련된 과제로 이를테면, 소금의 가수 분해 원리, 도형의 넓이와 부피의 관계, 전기에서의 옴의 법칙 등과 같은 과제를 말한다. 작업과제는 신체적 또는 심동적 기능과 관련된 과제로 주로 주어진 과제를 수행했을 때 성취된 결과가 무엇이냐에 초점을 둔다. 이를테면, 카메라에 필름 끼우기, 시계의 부품 맞추기 등이 이러한 과제에 속한다. 기능과제는 심동적 과제가 이에 해당한다. 기능분석은 수행해야 할 과제가 매우 예민한 촉각과 시각의 조화를 필요로 하는 경우에 적용하는 것이다. 이를테면, 자동차의 운전기능 등이 이에 속한다.

학습과제의 분석은 학습 위계별 분석, 학습 단계별 분석, 시간·기능별 분석을 들 수 있다. 학습 위계별 분석은 하나의 학습과제가 다수의 학습요소들로 구성되어 있을 때, 그 요소들을 종적·횡적으로 분석하는 것이다. 이를테면, 삼각형의 높이 구하기를 학습과제로 한다고 할 때 하위의 학습 요소로 삼각형의 개념을 학습해야 하고, 삼각형의 개념을 학습하기 위해서는 그 하위의 학습요소로서 직각, 빗변, 밑변, 높이 등의 하위의 학습요소로 분석하는 것이다.

학습 단계별 분석은 학습과제의 내용을 몇 가지의 영역으로 세분한 후, 각 영역을 임의의 순서에 따라서 조직하는 방법으로 학습과제의 성격에서 볼 때 내용체계나 학습자의 지적기능이나 능력 수준별에 따른 위계적 관계가 명백하지 않고, 학습활동의 계열성을 크게 강조하지 않아도 되는 교과영역이나 단원에서 활용할 수 있다.

시간·기능별 분석은 일련의 과정이나 기능에 따라 학습과제의 수행이 이루어질 때 적용하는 것이며, 일련의 작업과정을 면밀히 관찰하여 하나하나의 작업 동작을 처음부터 끝까지 순서화해 놓는 것을 말한다.

이상에서 살펴본 세 가지의 과제분석 접근방식은 과제

를 구성하고 있는 학습요소들 간의 관계에 따라서 특징지어질 수 있는 것들이며, 교실의 수업사태에서는 대체로 지식교육 활동이 주요 업무이므로 학습 위계별, 또는 학습 단계별 분석법이 이용되고 있다.

5. 수업목표의 진술

수업목표의 진술을 위해서는 다양한 접근법이 있을 수 있다. '피타고라스의 정리를 증명하기' 등과 같이 교사가 해야 할 활동을 목표로 삼는 경우가 있을 수 있고, '뉴톤의 법칙'과 같이 교과내용 자체를 열거하는 경우도 있고, '문제해결력'과 같이 내용에 대한 명백한 규정 없이 일반 행동형만 표시하는 입장도 있다. 그러나 위와 같은 목표 진술은 구체적인 학습경험을 선정·조직하고, 나아가 무엇을 평가할지에 대한 구체적 지침이 되지 못하고 있다. 수업의 전 과정에 충분한 기준으로서의 역할을 다하려면 구체적이고, 학생에게 기대되는 행동의 변화가 무엇인지가 명확히 밝혀져야만 한다. 이러한 뜻에서 수업목표를 학습결과로 보는 입장이 설득력을 얻게 된다. 따라서 여기서는 수업목표란 일련의 수업과정을 통해 이루고자하는 의도하고 기대하는 학습결과로 정의한다.

그런데 수업목표의 사용을 찬성하는 사람도 있고, 반대하는 사람도 있다. 수업목표의 사용을 찬성하는 사람은 수업목표를 사용하는 것이 수업에 효과가 크다는 것이다.

이점에 관하여 Cooper는 수업목표를 수업계획 및 수업실행과 관련하여 다음과 같이 설명하고 있다.

첫째, 수업목표는 수업을 계획할 때 중요한 내용은 부각시키고 별로 중요하지 않은 내용은 제거하도록 하는데 도움이 되며, 동시에 여러 행동영역의 수준을 균형 있게 해준다. 즉, 기억, 이해, 문제해결 등과 같은 영역의 목표를 균형 있게 설정하는데 도움이 된다.

둘째, 수업목표는 효과적인 수업사태를 계획하는데 도움이 된다. 수업사태란 학생들이 학습을 목적으로 그들이 참여하는 일련의 활동을 의미한다. 교사의 설명을 듣는 것, 과제를 수행하는 것, 연습문제를 푸는 것 등 이러한 모두가 수업사태의 본보기가 된다.

셋째, 수업목표는 다양한 평가절차를 계획하는데 도움이 된다. 학급평가에서 중요한 고려사항 가운데 하나가 타당도와 신뢰도이다. 수업목표는 바로 기대되는 학습결과로서, 이것은 타당도 검사도구의 개발에 있어 핵심이 된다.

수업목표는 단지 수업계획 단계에서만 도움이 되는 것이 아니다. 수업목표는 수업의 전 과정의 지침이 된다. 수업 중 교사와 학생의 모든 상호작용의 근거는 곧 수업목표가 된다. 수업목표에 따라 그 상호작용의 양태는 달라지는 것이다. 어떤 자료를 쓸 것인가?, 어떠한 방법을 사용할 것인가?, 어떠한 발문을 사용할 것인가?, 어떠한 강화를 쓸 것인가? 등 이 모든 활동의 준거는 바로 수업목표가 된다.

수업목표는 또한 평가의 준거가 된다. 평가란 수업목표의 실현정도를 판단하는 과정이기 때문이다. 이러한 수업목표의 기능 때문에 결국 수업은 효과적이게 되며, 아울러 학생들의 학습효과도 증대된다는 것이다.

이러한 주장에 대한 반론도 만만치 않다. 그 반대 입장을 Cooper는 다음과 같이 정리하면서 논의하고 있다.

① 좋은 수업목표를 작성하려면 많은 노력과 전문성이 요구된다.

② 수업목표를 활용하면 개별화 교육과 인간화 교육에 지장을 초래하게 된다.

③ 수업목표를 활용하면 교사의 융통성이 줄어든다.

④ 수업목표를 활용하므로서 보잘 것 없는 학습결과에 이르게 된다.

그러나 이상의 반대를 좀 더 깊이 생각해본다면 꼭 문제인 것만은 아니다. 오히려 수업목표를 적절히 사용한다면 각각의 반대에 긍정적인 면이 더 많음을 알 수 있다. 즉, 이들 반론 하나하나를 세밀히 검토해 본다면 수업목표 자체의 문제가 아니라 그 활용방식에 문제가 있는 것이다.

수업목표를 중요한 수업 보조도구로 사용하지 않고, 단지 형식적인 것으로만 인식하고 적절히 사용하면 오히려 이러한 반론에 대한 긍정적인 면을 초래할 수 있다.

우선 수업목표는 많은 노력과 전문성이 요구된다는 반론과 관련하여 어느 면에서 그 주장은 옳다. 그럼에도 불구하고 수업목표가 수업을 개선해주고 효과적인 학습을 가져다준다면 분명 수업목표의 작성과 활용은 그 만큼의 노력할 가치가 있다고 볼 수 있다.

두 번째, 수업목표 활용이 개별화 교육과 인간화 교육에 방해가 된다는 주장은 아마도 주어진 목표에 모든 학생들을 똑같이 도달하게 하기 때문에 개인차를 충분히 고려한 수업이 어렵다고 보는 것 같다. 그러나 수업목표들을 상세화 해놓고 각각의 개인별 학습 진전에 따라 그 다음의 개인별 목표를 설정한다면 도움이 될 수 있다.

세 번째, 수업목표를 활용하면 자발성이 줄어들고 융통성이 감소된다는 주장은 아마도 수업목표에 자신의 행동을 맞추다 보니까 그러한 생각을 하는 것 같다. 그러나 교실에서는 돌발적인 상황이 자주 발생한다. 이러한 경우 수업목표가 분명 할수록 수업의 방향을 올바로 잡아, 오히려 수업의 효과에 도움이 될 수 있으나, 수업목표에 대한 분명한 의식이 없다면 혼란스럽고 우왕좌왕하기만 하여 수업을 엉망으로 만들기 쉽다.

네 번째, 수업목표를 활용하면 사소한 학습결과를 가져온다라는 주장은 아마도 행동적 수업목표에 대한 비판이라고 할 수 있다. 수업목표를 행동적 목표로 상세화하다 보면 최종적으로 진술된 목표들은 사소한 것으로 구성될 수 있다. 그러나 목표 진술 그 자체의 문제라기보다는 수업이 끝난 후 평가를 실시할 때 이러한 사소한 목표들만을 대상으로 평가를 하는데 문제가 있다. 대체로 수업목표는 단원목표를 근거로 분석되는데 목표는 지식, 이해, 사고력, 태도, 기능이 골고루 균형있게 작성이 된다고 볼 때, 시시한 학습결과를 가져오는 것은 평가이지 수업목표는 아니라고 볼 수 있다.

이상의 논의에서 볼 때, 수업목표는 결국 수업을 효과적으로 이끌고 학생들의 학습을 증진시키는데 도움이 된다.

6. 수업목표 진술형태

앞에서도 언급했듯이 수업목표를 진술할 경우 교사의 행동만으로, 내용만으로, 그리고 학생의 일반 행동형으로만 목표를 진술한 경우 학습자의 기대되는 학습결과를 진술할 것을 제안하였다. 그런데 학습자의 학습결과로 진술할 경우 일반 수업목표로 진술할 것이냐, 구체적 수업목표를 진술할 것이냐가 문제시 된다. 오래전에는 수업목표로 일반목표를 주로 사용하다가 Mager의 「수업목표 진술」이라는 책이 출간되면서 수업목표를 구체적 행동 목표로 진술하는 경우가 받아졌다. 그러나 모든 목표를 행동적 목표로 진술하기가 어렵다는 점이 인정되면서 Gronlund(1986)의 「수업목표 진술」이라는 책이 나오면서 일반목표와 구체적 목표를 함께 제시할 것을 권장하게 되었다. 그러나 학교현장에서는 아직도 행동목표만을 강조하는 교사, 일반목표와 구체적 목표 모두를 강조하는 교사들이 있다. 여기에 수업목표 진술의 대표적인 몇몇 학자들의 목표 진술 방법을 알아본다.

가. Tyler의 수업목표 진술

타일러는 수업목표 속에는 다루어야 할 내용 영역과 추구해야할 행동 영역이 동시에 기술되어야 한다고 주장하였다. 즉, 수업목표(그는 교육목표라고 말하고 있음)를 진술할 경우는 학생에게 길러져야 할 행동의 유형과 그러한 행동이 나타나야 할 내용 또는 생활영역 모두가 진술되어야 한다. 예컨대, '사회생활문제에 관한 명확하고 잘 조직된 연구 보고서를 쓴다.'라고 하는 수업목표에서는 명확하고 잘 조직된 연구보고서를 쓴다는 행동과 그 연구보고서가 다루어야 할 생활영역 두 가지가 모두 표시되어 있다. '영양문제에 관한 믿을만한 정보원에 익숙하기'라는 목표 속에서도 믿을만한 정보원에 익숙하기라는 행동의 유형과 영양문제를 다루는 정보원이라고 하는 내용의 두 가지가 다 포함되어 있다(Tyler, 1951).

내용과 행동이 동시에 들어 있는 수업목표의 예를 다음과 같이 들 수 있다. – 지도에서 축적의 의미를 이해할 수 있다.

나. Mager의 수업목표 진술

메이거는 타일러 이래 수업목표를 행동용어로 진술하여

이 분야에 새로운 연구 붐을 일으켰다. 그에 의하면 수업목표는 성공적으로 수업을 마친 학생들이 보여 주어야할 관찰될 수 있는 행위(performance) 를 명시하도록 설정되고 표현되어야 한다는 것이다. 즉, 수업목표 속에는 다음과 같은 세 가지 요소가 동시에 포함되어야 한다.

① 수업을 통해서 얻으려고 하는 도착점 행동을 나타내는 행위동사
② 이 행위가 발생되어야 할 중요조건이나 장면의 기술
③ 이 행위가 성공적인 것인지 아닌지를 판단하기 위한 수락기준의 명시

이 세 가지 조건이 포함된 수업목표의 예로 "10개의 1차 방정식 문제가 주어졌을 때(조건) 40분 이내에 모든 문제를(수락기준) 정확하게 풀 수 있다(도착점 행동)."를 들 수 있다.

이와 같은 메이거의 수업목표 진술방법은 타일러의 "행동+내용"의 2차원적 표시 방법보다 훨씬 더 정밀하다. 그러나 메이거의 방법에 따라서 교과의 수업목표를 남김없이 구체화할 수 있는가라고 하는 현실적인 어려움이 있다. 그러나 이 방법의 특유한 강점을 또한 경시할 수는 없을 것이다.

다. Gronlund의 수업목표 진술

Gronlund는 수업 목표를 준비할 때는 항상 두 단계의 과정을 거치는 것이 바람직하다고 주장한다. 첫째 단계는 수업목표가 일반적인 학습결과로서 진술된다는 것이다. 둘째 단계는 각 수업목표가 학생들이 수업목표를 성취했음을 보여주기 위해 학습경험의 끝에 행동을 증명할 수 있는 특수학습과제를 열거함으로써 더욱 한정 지워져야 한다는 것이다(Gronlund, 1973). 그의 진술양식을 밝히면 다음과 같다(Gronlund, 1991).

① 의도적 학습결과로서 일반 수업목표를 진술함

② 각 수업목표 하에 목표의 도달을 가리키는 구체적이고 대표적인 학습결과 표본을 열거

이상의 양식에 따른 보기를 들면 다음과 같다.

1. 단원에 속해 있는 기본 용어들의 의미를 안다.

1-1. 용어의 정의를 쓴다.

이상의 수업목표 진술에서 보았듯이 Gronlund는 수업목표를 일반적인 수업목표를 제시하고, 그 다음으로 구체적이고 대표적인 행동목표를 제시할 것을 주장한다. 이점이 앞서 검토한 타일러나 메이거의 진술방식과 다른 점이다. 여기에서 일반 수업목표와 구체적 수업목표를 구분하여 설명할 필요가 있다.

(1) 일반목표 진술

수업목표의 일차적 단계는 수업에서 기대하는 일반적인 학습 결과를 진술하는 것이다. 일반적 수업목표란 학생의 성취영역을 포괄할 수 있도록 일반적인 용어로 진술한 의도된 학습결과를 말한다. 그런데 일반 수업목표는 일련의 구체적 목표에 의하여 정의된다. 교사들은 흔히 교육과정, 학습과정 또는 교과에 집중하여 기대되는 수업결과를 소홀이 취급하는 경향이 있다. 그룬룬드는 일반적 목표 진술의 지침으로 다음과 같은 내용을 제시하고 있다.

① 일반 수업목표를 의도된 학습결과로 진술한다(예-학생들의 도착점행동).

② 각각의 일반목표는 학생의 성취영역을 포괄할 만큼 일반적인 동사를 사용한다. "학생은 …을 할 수 있다."라는 진술은 생략한다.

③ 일반목표가 한 가지 일반적인 학습결과만을 포함하도록 진술한다.

④ 수업목표 진술은 다른 여러 단원에서도 사용할 수 있도록 구체적인 교과내용을 포함시키지 않도록 한다.

⑤ 구체적인 일련의 학습결과로 정의될 수 있도록 각각의 일반목표의 일반성 수준을 맞추어 진술한다. 한 단원에는 2개 내지 4개의 일반목표를 포함시킨다.

(2) 구체적 수업목표 진술

Gronlund에 의하면 일반 수업목표를 진술하고 나면 이제 각 일반목표를 그 목표가 달성된 증거로서 수용할 구체적인 학생의 성취유형의 입장에서 진술하여야 한다. 이 구체적 학습결과가 구체적 수업목표로서 “학생은 용어를 안다.” 또는 “원리를 이해한다.” 또는 “도표를 해석한다.” 라고 진술할 경우 그 것이 뜻하는 바를 조작적으로 정의한 것이라고 볼 수 있다.

구체적 수업목표 진술과 관련하여 Gronlund는 다음과 같이 요약하고 있다.

① 일반 수업목표를 기대되는 학습결과로 진술한다.

② 각각의 일반 수업목표아래 구체적인 학습결과를 열거해야 한다. 이 학습결과는 학습자가 목표를 달성했을 때 보여주게 될 도착점 행위를 나타낸다.

a. 분명하게 관찰할 수 있는 성취행위를 구체화하고 수업의 의도를 전달할 수 있는 동사를 사용하여 각각의 구체적인 학습결과를 진술한다.

b. 목표를 달성한 학생들의 성취를 나타내는 대표적이고 구체적인 학습결과 표본을 각각의 일반목표 아래 열거한다.

c. 수업목표에 표본검사문항을 함께 제시한다.

d. 다른 단원에 사용할 수 있도록 구체적인 학습결과를 진술할 때 구체적인 교과내용을 매개시킨

다. 예를 들면, "심장의 부분들을 확인한다.", "허파의 부분을 확인한다."라는 목표 대신 "주어진 구조의 부분들을 밝힌다."로 진술한다. 이처럼 목표를 진술할 때 구체적 내용을 제외시켜 진술하면 다른 여러 단원에도 적용할 수 있다.

e. 각각의 구체적 학습결과가 목표와 관련이 있는지를 확인하다.

③ 일반 수업목표를 구체적인 학습결과의 입장에서 정의할 경우 필요하면 본래의 목표들을 수정하고 다듬는다.

④ 복잡한 수업목표를 구체적인 학습결과의 입장에서 정의하기 힘들다고 이를 생략하지 않도록 조심한다.

⑤ 복잡한 목표를 정의할 때 가장 적합한 구체적 성취행위를 밝히는데 도움이 되는 관련 자료들을 참고한다.

이상의 논의에서 처럼 어떠한 수업목표를 사용해야 하는지에 대하여는 많은 논란이 일고 있다. 교사가 어느 방법을 사용할지는 비단 교사 자신의 철학에도 관계가 있지만 그 외에 학교, 교육청, 교과부 등의 영향을 많이 받게 된다. 결국 수업목표는 학생들에게 교사의 의도를 전달하고 교사로 하여금 학생들의 성장발달을 평가하는데 도움을 주는 데에도 목적을 두고 있다.

여러 연구 결과에 의하면 대체로 Gronlund의 진술방법을 지지하고 있다. 앞에서도 언급했지만 그는 우선 일반목표를 진술하고 이어 이를 상세화 하여 보다 구체적인 수업목표를 진술할 것을 강조한다. 어느 정도까지 상세화 할 것이냐에 대해서는 정답이 없다. 그러나 일반 수업목표를 대표할 수 있다고 판단되는 구체적 수업목표를 진술하는 것이 좋을 것이다.

7. 교수-학습 과정안의 작성

수업계획의 마지막 단계는 교수－학습 과정안을 작성하는 것이다. 대개의 경우 단원의 지도계획을 먼저 작성하고 그 다음에 차시별 교수－학습 과정안을 작성하게 된다. 교과목에 따라 약간 차이는 있으나 교과서는 5～6개의 대단원으로 구성된다. 그리고 대단원은 중단원 또는 소단원으로 구성된다. 교과나 단원의 특성에 따라 차이는 있을 수 있으나 우리나라의 경우 여러 교과에 공통적인 구성도로는 ① 단원명 ② 단원의 개관 ③ 단원 목표 ④ 지도상의 유의점 ⑤ 학습과제 분석(내용의 구조) ⑥ 출발점 행동의 진단과 처치 ⑦ 단원의 전개 등이다.

미국의 경우 여러 단원 계획에 공통된 요소를 아래와 같이 제시하고 있다(Moore, 2005). 즉 ① 주제 ② 목적과 목표 ③ 내용과 개요 ④ 학습활동(교사활동 · 학생활동) ⑤ 자원과 자료 ⑥ 평가 등이다. 여기서는 차시수업 계획을 좀 더 구체적으로 살펴본다. 차시수업 계획은 구체적 수업목표를 달성하기 위한 교수-학습 과정에 대한 계획이다.

우리나라의 경우 대개 차시 교수-학습 과정안에 들어갈 공통된 내용은 ① 수업목표 ② 주요수업절차 ③ 학습내용 ④ 교수-학습활동 ⑤ 수업매체 ⑥ 시간계획 등으로 구성되어 있다.

외국의 경우 일반적으로 널리 사용되고 있는 기본 교수-학습 과정안(Jacobson, Eggen & Kauchak, 1989 : Orlich et al. 1990)은 다음과 같다.

① 목표(단원계획으로부터 선정한 당일의 구체적인 학습의 의도)
② 서론(도입) (수업 초에 학생의 주의와 관심을 끌어들이기 위한 활동)
③ 내용(수업에서 가르칠 내용의 개요)
④ 방법과 절차(단원계획에서 선정한 당일의 전개활동을 순서대로 열거)
⑤ 정리(마무리 활동)
⑥ 자원과 자료(수업에 필요한 수업자료의 목록)
⑦ 평가 절차(학생들이 수업에서 의도한 학습결과를 얼마나 잘 숙달하였는지를 결정하기 위한 활동과 기법)
⑧ 과제(다음날까지 완성해야 할 수업 중 과제 또는 숙제)

교수-학습 과정안은 어떠한 수업접근을 사용하느냐에 따라서도 달라진다. 크게 교사 중심 접근수업과 학습자 중심 접근수업으로 나누어 볼 수 있다. 이 경우 교사 중심수업으로 강의, 암송, 소크라테스식 발문 그리고 기능 수업을 생각해 볼 수 있다. 이러한 수업형태에 적합한 교수－학습과정을 Hunter(1980)는 7단계의 과정안으로 다음과 같이 제시하고 있다.

① 도입(수업이 시작되기 전 행동들을 집중시키기 위하여 고안된 교사의 활동)

② 목표와 목적(학생들에게 다음 수업에서 무엇을 배우게 될지 그리고 그것이 어떠한 쓸모가 있는지를 알려주는 진술)

③ 투입(학생들이 배울 새로운 지식, 과정 또는 기술)

④ 모델링(배우게 된 지식, 과정 또는 기술의 이해력을 개발하는데 사용되는 본보기－새로운 지식, 과정 또는 기술을 설명하기 위한 기법)

⑤ 이해의 점검(교사지시 활동(모델링)의 전후나 학습자 안내 활동 전후에 있을 학습의 의도를 이해하고 있는지를 결정하기 위한 방법)

⑥ 지시적 연습(교사의 감독 아래 새로운 지식, 과정 또는 기술을 연습하는 것)

⑦ 독자적 연습(새로운 지식, 과정 또는 기술을 감독 없이 연습하는 것, 여기에는 자습이나 숙제가 있음)

학습자 중심수업으로서의 소집단 학습에 적용될 수 있는 교수－학습 과정안으로 Moore(2005)는 다음과 같은 안을 제시하고 있다.

① 목표(학생들이 수업이 끝난 후 학생들이 무엇을 할 수 있는지 또는 구체적인 학습의 의도를 진술)

② **주의집중**(도입) (학습과제에 학생의 주의와 관심을 집중시키기 위한 교사의 지시적 활동)

③ **주요과제**(집단과제 배당, 집단 학습지시, 학생의 선택사항에 대한 교사의 설명)

④ **집단 활동**(교사에 의해 배당 된 과제로 교사는 전략을 선택할 수 있게 하거나 아니면 학생 자신이 자신의 전략을 개발하도록 함)

⑤ **보고를 받는 것**(효과적인 것과, 효과적이 아닌 전략도 물론, 부과된 과제의 결과 제시 및 분석)

⑥ **자원과 자료**(집단에 부과된 과제를 수행하고 완료하는데 요구되는 자료를 열거)

⑦ **평가**(학생들이 과제와 목표를 성취했는지를 점검하기 위해 사용되는 형식적, 비형식적 기법)

이상의 내용에서 알 수 있듯이 교수－학습 과정안의 기본 틀은 큰 변화가 없다. 즉 목적, 목표, 도입, 내용의 개요, 방법, 절차, 자원, 자료, 평가의 기본체제는 공통적이라고 볼 수 있다. 단 차이가 있다고 한다면 방법 또는 교수－학습 활동이 목표나 내용에 따라 상당히 달라짐을 알 수 있다. 따라서 교사들은 이점에 유의하여 교수－학습 과정안을 작성해야 할 것이다.

03

수업모형의 유형

Ⅰ. 일반 모형

Ⅱ. 설명식 모형

Ⅲ. 사고력 증진 모형

Ⅳ. 사회 상호작용 모형

Ⅴ. 정의적 모형

제3장에서는 앞서 살펴본 수업과 수업모형의 의미와 학자들이 분류한 수업모형의 제 유형들을 근거로 각각을 모형의 성격에 따라 일반 모형, 설명식 모형, 사고력 증진 모형, 사회 상호작용 모형 및 정의적 모형으로 구분하였다. 또한 각 절은 대표적인 학자들의 수업모형에 대한 일반적 특징과 절차 및 교수-학습 과정안의 예시를 중심으로 구성하였다.

Ⅰ. 일반 모형

일반 모형에는 Glaser(1976)의 수업모형과 한국교육개발원(1973)의 수업모형을 대표적으로 소개하고자 한다. 이 두 모형은 어느 특정 수업목표나 내용을 가르치기 위한 모형이 아니라 수업의 목적, 즉 수업목표나 내용을 가르치는 데 적합한 수업의 절차를 중심으로 개발된 수업모형이라고 볼 수 있다.

1. Glaser(1976)의 수업모형

Glaser의 수업 모형은 체제접근 이론에 기초했기 때문에 체제접근 모형이라고도 불린다. 이 모형은 체제접근에 필요한 네 가지 기본요소, 즉 수업목표 설정, 출발점행동 진단, 학습지도, 그리고 학습성과 평가의 네 요소를 수업체계에 적용시킨 것이다. 이러한 수업 모형은 군대나 산업기관에서 사용되었던 체제접근을 교육에 적용시킨 것으로 수업목표를 효율적으로 달성할 수 있도록 구성요소 간의 관계를 설명하고 있다. 다음의 [그림 1]은 이러한 구성요소 간의 관계를 보여 준다.

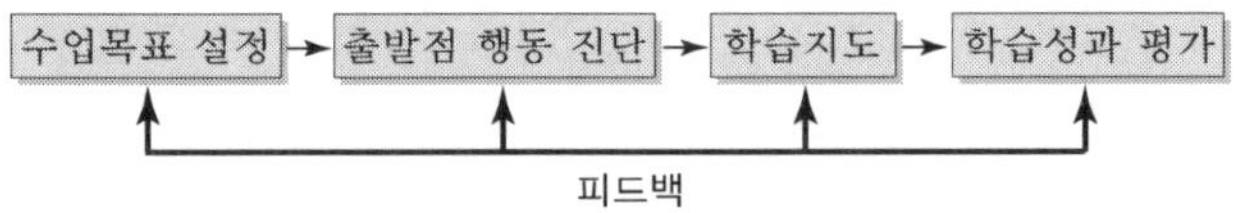

[그림 1] Glaser의 수업모형

가. 수업목표 설정

수업에서 제일 먼저 해야 할 일은 수업목표를 설정하는 일이다. 수업목표는 수업활동의 방향을 제시할 뿐만 아니라 학습지도 방법을 결정해 주고 나아가 학습평가의 기준이 되기 때문에 무엇보다도 중요하다. 그러나 한 학습단원의 수업목표를 올바로 설정하는 일은 쉬운 일이 아니다. 그것은 교과내용에 대한 지식과 더불어 교육과정의 목표에 대한 충분한 이해가 선행되어야 한다. 수업목표는 일반목표와 달리 학습자의 입장에서 구체적 행동용어로 진술되어야 한다. 그리고 미리 설정된 수업목표라 하더라도 수업 중이나 수업 후의 평가결과를 기초로 다시 수정, 보완되어야 한다.

나. 출발점 행동 진단

출발점 행동 또는 투입행동이란 학습과제와 관련된 것으로 본시 학습지도 이전에 이미 습득했어야만 하는 행동특성이다. 따라서 투입행동을 정확히 진단하지 않고 바로 수업에 들어갈 경우 투입행동이 모자라는 학생은 새로운 학습과제를 수행하는 데 어려움을 겪게 될 것이다. 그리고 출발점 행동을 진단하는 것은 학생들의 특성에 따라 수업을 개별화하는 것을 의미하며 이를 통해 모든 학생들에게 학습효과를 최대로 발휘하게 하여 결국에는 학습 성과를 극대화하고자 하는 것이다.

다. 학습지도

진단검사를 통하여 학생들의 제 특성이 규명되면 이러한 특성을 고려한 적절한 학습지도가 가능하다. 학습지도는 대체로 도입, 전개, 정리의 단계를 거친다. 도입단계에서는 이 단원에서 도달해야 할 수업목표가 무엇인지를 명백히 인식하게 하는 일과 학습의 동기유발을 위한 조치, 이미 배운 선수학습과 관련짓는 일이 이루어지는 단계이다. 전개단계는 구체적인 학습경험을 제공하는 단계로, 학습내용을 제시하고 학생들의 이해를 촉진하기 위한 다양한 수업기법과 전략들이 동원된다. 정리단계는 그 동안의 학습을 마치고 학습을 강화하는 단계로써 정리, 연습, 적용이 실시되는 단계이다.

라. 학습성과 평가

이 단계의 평가를 총괄평가라고 한다. 총괄평가란 그 동안의 학습 결과를 총괄적으로 평가한다하여 붙여진 이름인데, 교사는 학생들에게 최종적인 성적을 내주고 교사 자신이 스스로 수업 효율성을 최종적으로 확인하는 단계이다. 총괄평가는 형성평가와는 다르게 학습 단원이 완전히 끝난 뒤에 충분한 시간을 활용하여 실시된다. 또한 총괄평가의 결과는 학생들의 성적에 직접적으로 반영되는 것이므로 채점처리는 교사에 의하여 직접 수행되는 것이 바람직하다.

이러한 네 가지 구성요소는 제각기 연관성이 없이 기능을 수행하는 것이 아니라 환류작용에 의해 서로 연결되어 있다. 수업활동은 수업목표에서 시작하여 학습 성과의 평가로 끝나며, 평가의 결과는 다시 수업목표로 연결된다. 즉, 구성요소를 수정, 보완하는 데 이용된다. Glaser의 수업 모형에서는 수업내용이 어떠하든지 간에 목표가 결정되면 똑같은 절차가 적용된다.

마. 교수－학습 과정안 예시

Glaser의 수업모형을 적용한 교수－학습 과정안 예시는 네 단계 가운데 학습지도에 중점을 둔 것이다.

(1) 교과단원명 : 중학교 2-2 수학-일차함수

(2) 수업목표

① 일차함수 y=ax+b의 그래프를 좌표평면에 나타낼 수 있다.

② 일차함수 y=ax와 y=ax+b의 그래프를 비교할 수 있다.

(3) 본시 수업안

단계	학습내용	교수-학습 활동		자료 및 유의점	시간
		교사활동	학생활동		
도입	동기유발	▪ 선수학습 상기	▪ 교사의 발문에 대답	▪ 신문	5
	목표확인	▪ 본시 학습 목표 제시를 위한 토의 유도	▪ 토의를 통한 학습 목표 인지		
	선수학습 관련짓기	▪ 1학년 내용과 연계하여 설명	▪ y=ax의 그래프 연상	▪ 판서	
전개	문제해결	▪ y=ax와 y=ax+b의 그래프 관계에 대한 설명	▪ 한 좌표평면에 두 개의 그래프를 그려서 비교해보기	▪ 개별학습	30
	문제해결	▪ 조별 발표 지도 ▪ 발표 내용 정리 ▪ 평행이동의 개념 정리 ▪ y=ax와 y=ax+b의 그래프 일반화	▪ 조별 토의 ▪ 개념 암기	▪ 조별협력	
	형성평가	▪ 문제제시	▪ 문제풀기	▪ 자기평가 또는 동료평가 가능	
정리	보충지도	▪ 중요 요점에 대하여 재강조	▪ 필기	▪ 판서	5
	차시예고	▪ 본시 학습과 연계하여 차시수업에 대한 예고 ▪ 질문받기	▪ 차시 학습에 대한 문제 인식		5

2. 한국교육개발원(1973)의 수업모형

한국교육개발원에서는 1973년 초·중등학교 교육발전 사업으로 수업체제를 개발하여 장기간에 걸쳐 그 효과를 검증한 바 있다. 이 모형은 교사에게 과중한 직무부담을 주지 않는 범위 내에서 가능한 한 학생의 개인차를 고려한 수업을 진행할 수 있도록 만든 수업 과정 모형이다. 이 수업모형은 5단계로 구성되는데, 5단계는 계획, 진단, 지도, 발전, 평가 단계로 이루어진다. 이를 그림으로 제시하면 다음 [그림 2]와 같다.

I		II		III		IV		V
계획단계	→	진단단계	→	지도단계	→	발전단계	→	평가단계

[그림 2] 한국교육개발원의 수업모형

위 [그림 2]에서 보는 바와 같이, 계획단계는 교사가 어떤 학습과제를 위해 수업을 계획하는 단계이고 진단단계는 그 학습과제에 들어가는데 필요한 준비가 되어있느냐를 진단하고 그 결과에 따라 교정을 하는 단계이며 지도단계는 본 수업이 진행되는 단계이고 발전단계는 지도단계에서 학습된 내용에 대한 학생들의 학업성취도를 평가해 보고 그 결과에 따라 심화 또는 보충학습의 기회를 제공하는 단계이다. 평가단계는 그 학습과제의 수업결과를 종합적으로 평가하는 단계이며, 개괄적으로 보아 실제의 수업활동이 전개되는 것은 진단, 지도, 발전의 세 단계이다.

가. 계획단계

계획단계는 결국 진단, 지도, 발전, 평가 네 단계의 운영에 관한 계획을 세우는 단계이다. 일반적으로 수업 계획 시에 해야 할 일은 수업목표 및 학습과제분석, 학습과제의 계열화 및 조직화, 필요한 수업 및 학습 자료의 제작 혹은 선택, 그리고 교수-학습 과정안 작성 등이다. 이러한 계획의 과정에서 중요하게 고려해야할 사항은 타 학교와 타 학년 또는 같은 교과 내의 타 단원과의 관련성 문제와 학생들의 지적 발달수준, 그리고 지역사회의 특수성과의 관련이다. 이와 같은 계획 활동을 통해 얻어지는 것은 수업지침서와 수업자료 및 학생용 학습 자료라 하겠으나 무엇보다 중요한 것은 교사가 수업계획을 하는 과정에서 수업목표가 무엇이며 어떠한 자료를 동원하고 어떤 활동을 통해 그 목표에 도달할 것인가를 알게 된다는 점이다. 계획단계에서 무엇보다 중요한 것이 있다면 그것은 아마도 학습과제를 분석하는 일인데 실제는 이를 분석하지 않고 교과부에서 발행된 교사용지도서를 통하여 최종목표, 종속목표 및 내용구조를 확인하게 된다. 수업을 계획할 때에는 학습활동, 교사활동, 학습계열, 매체 평가 등을 고려해야 하며, 이와 함께 일정, 교재, 교구, 인력 등도 고려하여 계획을 수립해야 한다.

나. 진단단계

진단단계는 어떤 과제의 수업에 들어가기 전에 학생들이 그 과제를 학습할 준비가 되어 있는지를 알아보고 만일 결손이 발견되면 가능한 한 교정조치를 해주는 단계가 있다. 이것은 예견되는 학습의 실패를 사전에 방지하기 위한 것으로, 이 단계에서는 어떤 학습과제의 선수학습요소에 대해 학생들이 어느 정도 학습했는가를 진단해보고 학습이 불충분한 학생에게는 선수학습요소에 대한 학습 즉, 교정학습을 하도록하고 선수학습이 이루어진 학생에게는 선수학습요소를 재확인시킨다던가 아니면 차후의 학습에 도움이 되는 경험을 제공함으로써 심화학습을 하게 한다.

다. 지도단계

지도단계란 어떤 학습과제에 관한 본 수업이 진행되는 단계로서 수업시간 면으로 볼 때 전체 배정시간 중 약 70~80%를 차지하게 된다. 지도단계를 다시 세분하면 도입, 전개, 정리단계로 나눌 수 있다. 도입단계에서는 교사용지도서를 참조하여 주어진 학습과제를 학생들에게 알리고 현재 다루고 있는 학습과제와 이전에 배운 학습과제와 관련된 요소가 있으면 이를 본 학습과제와 관련시켜 학생들의 이해를 돕도록 한다. 전개단계에서는 그 학습과제 내용을 학생들에게 제시하고 학생들은 이에 반응하며 이해해 나간다. 정리단계에서는 일단 학습된 내용을 정리하고 연습을 하여 확실히 하며 새로 학습한 내용을 학생의 지적 체계의 일부로 통합하고 내면화하며 새로운 사태에 적용하고 일반화할 수 있도록 한다.

라. 발전단계

발전단계는 단원이나 제재의 수업을 통하여 도달하려는 목표를 어느 정도 달성했는가, 또 학생들이 그 목표의 학습에 곤란을 겪고 있다면 그것이 무엇인가를 밝혀내고 이에 따른 적절한 조치를 취함으로써 수업의 효과를 높이는 단계이다. 이 단계에서는 학습정도를 파악하기 위하여 형성평가를 실시하고 그 결과에 따라 보충학습 또는 심화학습을 시킨다. 형성평가는 주어진 학습목표의 도달정도를 알아볼 뿐 아니라 교사의 수업 중 어느 부분이 미흡한지도 알게 한다. 이러한 확인 결과를 통하여 학생들은 학습사태에서 겪는 곤란을 제거하고 잘못 이해한 부분을 교정 받게 된다. 그리고 교사는 학습을 완성하지 못한 학생에게는 보충학습을, 학습을 완성한 학생에게는 심화학습을 시킨다. 또한 교사는 그 결과를 자신의 수업을 개선하는 데 활용하게 된다.

마. 평가단계

평가단계는 수업의 과정을 통하여 학생들이 성취한 학습결과를 최종적으로 평가하게 된다. 이 단계의 주된 목적은 주요한 지적, 정의적, 기능적 수업목표가 얼마나 잘 달성되었는지를 확인, 판단하고 교육과정 속에 명시되어 있지는 않더라도 수업결과로 나타난 비의도적인 행동특성까지도 평가를 하게 된다. 이러한 평가의 결과는 학생들의 성적을 판정할 뿐만 아니라 수업과정의 질적인 관리를 위해 사용된다. 이때 실시되는 평가를 총괄 평가라 한다.

바. 교수－학습 과정안 예시

한국교육개발원의 수업모형을 적용한 교수－학습 과정안 예시는 다섯 단계 가운데 학습지도에 중점을 둔 것이다.

(1) 교과단원명 : 초등학교 6학년 1학기 다섯째 마당.
1. 소중한 우리말

(2) 수업목표 : 우리 주변에서 사용하는 말을 고유어로 바꾸어 쓸 수 있다.

(3) 본시 수업안

단계	학습 내용	교수-학습 활동		자료 및 유의점	시간
		교사활동	학생활동		
도입	동기유발	-동기유발 자료 제시 ▪ '앙드레김_비.wmv' 동영상을 살펴보며 어려운 외국어를 사용했을 때 말뜻을 이해하기 힘든 불편함에 대해 생각해보기	▪ 알아듣기 어려워요 ▪ 영어가 너무 많아서 무슨말인지 알 수가 없어요.	◆앙드레김_비.wmv	5
	전시학습 상기	-전시 학습 내용 상기하기 ▪ 단어 조합퀴즈(고유어) ▪ 전 시간에 배운 고유어, 한자어, 외래어, 외국어의 개념 상기	▪ 단어조합퀴즈를 통해 고유어, 한자어, 외래어, 외국어의 개념을 상기한다.	▪ 판서를 미리 해둠	
	학습목표 확인	▪ 칠판에 적힌 학습목표를 읽게 함 ▸ 우리 주변에서 사용하는 말을 고유어로 바꾸어 쓸 수 있다.			

단계	학습 내용	교수–학습 활동		자료 및 유의점	시간
		교사활동	학생활동		
전개	내용전개	▪ 활동 1 : 고유어로 바꾸는 방법 알아보기 ▪ 활동 2 : 고유어로 바꾸어 써보기 ▪ 활동 3 : 활동 발표하기 ▪ 활동 4 : 고유어를 쓰려는 마음의 자세 갖기	▪ 활동 순서에 따라 학습을 한다.	▪ 적절한 고유어가 없을 경우에 한자어 중 친근한 말로 바꾸어 보도록 한다.	30
	형성평가	▪ 짝과 함께 형성평가지를 완성할 수 있도록 지도	▪ 형성평가를 자신이 먼저 완성한 후 짝과 바꾸어 빈칸을 완성함	▪ 형성평가지 활용	
정리	정리확인	-학습내용 정리 ▪ '고유어, 한자어, 외래어, 외국어'의 정의 되짚어보기 ▪ 고유어로 바꾸는 방법 되짚어보기 ▪ '고유어'라는 낱말을 고유어로 고쳐보기 -활동 반성 ▪ 공부를 하며 느낀 점 발표하기	▪ 적극적으로 학습한 내용에 대하여 발표한다.	▪ 학생의 발표 후 교사는 보충 설명과 학습 정리 시간을 갖는다.	5

Ⅱ. 설명식 모형

2절에서는 설명식 모형으로 대표되는 Ausubel의 선행조직자 수업모형, Rosenshine과 Stevens의 지시적 수업모형, Joyce & Weil의 개념 획득 수업모형을 소개하고자 한다. 이 모형들의 공통점은 교사 중심의 설명식 수업이 교사－학생 활동의 많은 부분을 차지한다는 것이다.

1. Ausubel(1963)의 선행조직자 수업모형

가. 일반적 특징

선행조직자라는 용어는 Ausubel의 유의미 학습이론에서 중심이 되는 개념으로, 수업의 도입단계에서 제시되는 선수학습이나 새로운 학습과제의 개요와 같은 구실을 하는 개념이다. 그러나 선행조직자는 선수학습과는 차이가 있다.

선수학습의 경우에는 그 내용수준이 새로운 학습과제와 동일한 수준에서 제시되지만, 선행조직자는 새로운 학습과제보다 더 일반적이다. 즉, 선행조직자는 더 추상적이고 포괄적인 성격을 지닌다. 일반적으로 선행조직자는 새로운 학습과제보다 더 일반적인 개념, 법칙, 원리, 진술로 구성된다. 이러한 선행조직자를 제시하는 목적은 학생들의 인지구조를 강화시켜 새로운 학습 자료의 이해와 파지를 용이하게 하는데 있다. 그는 유의미한 학습을 설명하기 위하여 학습과제와 인지구조의 두 변인을 설정하고 이들을 서로 관련짓고 있다. 그에 의하면 인지구조란 어느 한 시점에서 학습자가 유용하게 사용할 수 있는 현재의 지식체계라는 것이다. 즉 인지구조는 하나의 위계를 이루고 있는데, 가장 포괄적이고 일반적이며 추상적인 개념이 그 정점을 차지하고, 그 밑에 덜 포괄적인 하위개념으로 구성되며, 맨 밑에는 사실적 지식이 위치하고 있다고 한다.

Ausubel은 새로운 학습과제가 얼마나 의미 있게 획득, 보유될 수 있는가에 가장 큰 영향을 미치는 것이 인지구조 변인이라고 주장한다. 학습과제(학문)도 인지구조와 마찬가지의 위계를 이루고 있다. 그래서 유의미한 학습이 되려면 새로운 지식 또는, 학습과제를 맹목적으로 암기할 것이 아니라 학습자의 기존 인지구조와 관련을 맺도록 하여야 하며, 그렇게 해야만 파지가 오래 지속된다고 한다. 또한 그는 새로운 정보가 획득, 보유되는 정도는 그들의 개념적 근거가 될 개념이나 원리가 어느 정도 인지구조 내에 존재하느냐에 달려 있다고 믿는다. 만일 새로운 과제가 기존의 인지구조와 너무 상충되거나 무관하여 아무런 관련이 없다면, 새로운 지식은 결코 학습될 수도 보유될 수도 없다. 이런 현상을 극복하기 위해서 교사는 지식을 계열적으로 조직해야 하며, 제시될 지식의 개념적 근거로서 역할을 수행할 그 무엇을 학생들에게 우선 제공해야 한다. Ausubel은 이러한 지식의 개념적 근거를 선행조직자라고 불렀다.

선행조직자는 기본적으로 인지구조를 강화하고, 새로 획득한 정보의 파지를 촉진하기 위한 수단이다. 즉, 수업의 도입 시에 학습을 촉진하기 위하여 의도적으로 주어지는 언어적 설명을 말한다. 이는 다른 말로 관련정착지식이라고도 할 수 있다. 관련정착지식이란 새로 학습할 과제에 관한 지식과 관련을 맺어서 이를 흡수할 수 있는 지식을 말한다. 선행조직자는 일반적으로 다음과 같은 특징을 가지고 있다.

첫째, 선행조직자는 새로운 학습과제보다 추상적이며 일반적인 학문의 주요 개념, 일반화, 원리, 법칙 등에 기초한다. 예를 들어, 인도의 카스트 제도에 대해 학습하는 단원에서는 사회계층에 기초한 선행조직자가 활용될 수 있으며, "기술의 변화는 사회와 문화의 변화를 가져온다."는 일반화는 여러 역사적 시기와 장소의 연구를 위한 선행조직자로 활용될 수 있다.

둘째, 선행조직자는 그 자체로 중요한 학습내용이 되기도 하며, 가르칠 필요가 있는 것이다. 어떠한 경우라도 선행조직자를 충분히 이해하지 못한 상태에서는 후속학습이 이루어지지 않으므로, 선행학습을 설명하고 개발하기 위한 충분한 시간을 할애하는 것이 필요하다.

셋째, 일반적으로 선행조직자는 해당 학습 자료와 밀접하게 관련되어 있지만, 새로운 관점을 제공하기 위해 개념적으로 동떨어진 선행조직자를 구성할 수도 있다.

넷째, 선행조직자는 전시학습 상기, 문제제기, 본시 수업의 개관과 같이 수업 도입 시에 교사들이 사용하는 다른 수업기법들과는 구별된다. 앞의 도입기법들은 설명식 수업에서 중요한 기법들이다. 그러나, 이들은 선행조직자는 아니다. 선행조직자는 학습과제의 성질, 학습자의 기존 능력의 정도, 혹은 그들 상호간의 관계에 따라 설명조직자와 비교조직자로 구분된다. 설명조직자는 인지구조내의 기존 지식과 새로운 학습과제 간에 전혀 유사성이 없는 경우, 개념의 정착 근거지를 마련하기 위하여 학습 자료와 관련지어 학습 이전에 미리 제시되는 보다 포괄적이고 기본적인 중심 개념을 말한다. 비교조직자는 인지구조 내의 기존 지식과 새로운 학습과제 간에 상당한 유사성이 있는 경우, 그 유사성과 차이점을 분명히 하여 상호간의 변별력을 증대시킬 목적으로 학습 이전에 제시되는 자료를 일컫는다.

나. 일반적 절차

선행조직자에 관한 Ausubel의 견해에 기초해서 다음과 같은 교수－학습 단계를 제시할 수 있다.

① 선행조직자의 제시

- 수업목표의 명료화
- 조직자의 제시
- 정의하는 속성 확인하기(예시 / 내용제시 / 반복)
- 관련지식과 경험을 일깨우기

② 학습자료의 제시

- 자료제시
- 주의집중 유지
- 조직화를 명료화하기
- 학습 자료의 논리적 순서를 명시하기

③ 인지구조의 강화

- 통합적 일치(조화)의 원리 사용
- 능동적 수용학습 촉진
- 학습 자료에의 비판적 접근 촉진
- 명료화

이상에서 살펴 본 선행조직자 모형은 교육과정의 계열을 구조화하는데, 교과목을 구조화하는데, 한 영역의 중심내용을 체계적으로 가르치는 데 특히 유용하다.

다. 교수－학습 과정안 예시(1)

(1) 교과단원명 : 고등학교 1학년 과학Ⅰ 생물시간 -호흡-

(2) 수업목표 : 호흡기관의 구조에 대한 특징을 이해할 수 있다.

(3) 본시 수업안

단계	학습 내용	교수-학습 활동		자료 및 유의점	시간
		교사활동	학생활동		
도입	선수학습 확인	▪ 사람의 호흡기관에 관한 질문	▪ 질문에 대답	▪ 전 시간의 복습이 아니라 본시학습과 관련된 사전 지식을 상기시킴	7
	학습목표 인식	▪ 사람의 호흡기관인 허파의 구조와 호흡의 과정에 관한 목표 설명	▪ 교사의 말에 경청		
	학습동기 유발	▪ 학생으로 하여금 문제의식을 갖도록 하는 질문 유도	▪ 교사의 질문에 문제의식을 갖음		
	선행조직자도입	▪ 산화라는 선행조직자를 이용하여 호흡의 성질과 과정을 의미있게 설명하고자 시도	▪ 교사의 말에 경청		
전개	내용제시	▪ 생명활동과 호흡에 관한 설명과 예시 ▪ 호흡기관의 구조에 관한 설명과 예시 ▪ 호흡운동에 관한 설명과 예시	▪ 노트필기 및 예시에 대한 질문과 답	▪ 컴퓨터 및 사진 자료 활용	33
정리	요약 및 강화	▪ 호흡과 휘발유 연소과정 비교 설명 후 질문	▪ 질문에 대한 대답	▪ 질의응답식으로 진행	10

라. 교수－학습 과정안 예시(2)

(1) 교과단원명 : 고등학교 1학년 윤리 1-1

-국민윤리에 대한 개념-

(2) 수업목표 : 국민 윤리에 대한 개념을 이해할 수 있다.

(3) 본시 수업안

단계	학습 내용	교수·학습 활동		자료 및 유의점	시간
		교사활동	학생활동		
도입	설명조직 명제학습	▪ '국민윤리는 우리 생존의 길을 제시한다'라고 판서 ▪ 판서에 대한 느낌 질문 ▪ 오개념 대답에 대한 지적	 ▪ 대답	▪ 인사로 시사문제를 이야기 하면서 학생들과 수업을 위한 공감대를 형성	5
전개	영상표상 점진분화 개념학습	▪ 국민윤리의 개념 파악 ▪ 판서 내용을 부연 설명 ▪ 이해도 점검 ▪ 국민윤리 개념 재 설명	▪ 판서 ▪ 대답	▪ 판서	30
정리	비교조직 종속포섭 요약정리	▪ 다방면에 걸쳐 영향을 미치는 역사적, 사회적, 정치적 요인 등에 대한 보충 설명 ▪ 질문에 대한 대답과 요약정리	▪ 경청 ▪ 각 나라마다 국민윤리가 다르다는 것인지 질문	▪ 토론, 종합 정리 및 논평이 이루어짐	5
평가	개념학습	▪ 형성평가에 의한 국민윤리 개념 형성 유도	▪ 형성평가지 작성 및 발표	▪ 형성평가지	5
차시예고	재조직	▪ 각 단계별 정치체제에서의 강요된 이념 조사 후 발표 예고	▪ 경청		5

2. Rosenshine과 Stevens(1986)의 지시적 수업모형

가. 일반적 특징

지시적 수업은 교사행동과 학업성취에 관한 교사효과성, 즉 과정－산출 연구와 행동주의 심리학에 기반을 둔 교수 원리에 토대를 두고 있다. 또한 지시적 수업은 완전학습모형, 능동적 교수모형, 명시적 수업, 기초연습 모형 등 학자에 따라 다양한 용어로 사용되어 왔다.

지시적 수업은 경제적 혜택을 받지 못한 학습자를 가르치기 위한 효과적인 수업으로 Oregon 대학교 지시적 수업모형에서 유래를 찾을 수 있다. 이 수업모형은 읽기, 수학, 언어 수업에서 교사가 수업을 신중하게 계열화함으로써 소집단 면대면 수업을 강조하고 있다.

즉 지시적 수업은 사실, 규칙, 행동계열(action sequences)을 가르치는데 가장 효과적인 수업으로서 일명 설명식 수업, 강의식 수업이라고 하며, 교사가 학습정보를 주로 제공하는 교사중심 수업이다(Borich, 1996).

나. 일반적 절차

지시적 수업모형 가운데 본 저서에서는 교사의 효과성에 대한 연구에서 밝힌 Rosenshine과 Stevens(1986)의 지시적 수업의 절차를 중심으로 살펴보고자 한다. 그들은 지시적 수업의 절차를 도입→새로운 학습과제 제시→교사 주도 연습→교정과 피드백→학습자 주도 연습→점검 및 복습 등 여섯 단계로 들고 있다.

(1) 선수학습 상기 및 확인

이 단계에서는 학습자에게 이미 배운 학습에 관한 지식을 상기시키고, 앞으로 배울 새로운 지식을 이미 습득한 내용의 논리적 연장선으로 보도록 차시별 수업간의 관계를 강조한다. 또한 본시 학습에 필요한 과제 관련 사전 지식을 적절히 갖추지 못하였거나, 잘 모르는 내용을 습득해야만 한다는 지나친 불안감을 갖고 있는 학습자의 참여를 유도하는데도 중요하다.

(2) 학습내용의 제시 및 설명

이 단계에서는 학습자료를 학습자의 사전 지식, 능력 및 경험 수준에 맞춰 세분화하여 소단계로 제시한다. 즉 학습자료는 한 번에 한 아이디어에 초점을 맞춤으로써 다음 내용으로 넘어가기 전에 그 내용을 숙달하도록 제시하는 것이 중요하다. 전 수업내용을 학습자가 쉽게 인식하도록 하위부분, 규칙, 또는 유목 등으로 분류하는 전략을 활용하는 것이 적절하다. 또한 학습자료는 일반적인 것에서 세부사항으로, 단순한 것에서 복잡한 것으로 구조화하여 제시한다.

(3) 교사주도 연습

교사주도 연습 단계에서는 교사가 조직하고 지도하는 안내된 연습을 학습자에게 제공한다. 교사는 자극과 모델링을 통하여 학습자의 올바른 응답을 유도한다. 학습자의 응답을 유도하면서 제시된 내용에 대한 학습자의 이해도를 점검한다.

(4) 교정과 피드백

Rosenshine은 학습자의 응답을 정확하고 신속하며 자신에 찬 응답, 정확하지만 주저하는 응답, 알고는 있으나 부주의로 인한 잘못된 응답, 무지로 인한 부정확한 응답으로 분류하였다. 정확하고 신속하며 자신에 찬 응답의 경우에는 정답을 인정하면서 한 가지 질문을 더 해보거나 다른 학생에게 질문을 한다. 정확하지만 주저하는 응답의 경우에는 긍정적이며 강화적인 말로 반응을 보이면서 정답에 필요한 사실, 규칙, 또는 단계들을 신속하게 다시 설명한다. 알고는 있으나 부주의로 인한 잘못된 응답의 경우에는 응답이 잘못되었다는 말만하고 신속하게 다음 학생에게 질문한다. 무지로 인한 부정확한 응답일 때에는 그 학생에게 정답을 말해주기 보다는 힌트를 주거나 더 평이한 질문을 통하여 정답을 찾도록 유도한다.

(5) 학생주도 연습

학생주도 연습 단계에서는 신중하게 통제되고 조직된 환경 속에서 학습자 스스로 단편적인 부분들을 유의미한 전체로 연계시킬 수 있는 기회를 제공한다. 즉, 단편적인 사실과 규칙들을 연계시켜 자동적으로 행동을 계열화하는 과정이다. 이 단계를 통하여 학습자는 새로운 학습 내용을 자유자재로 응용하고 확실하게 파지할 수 있다.

(6) 복습 및 확인 지도

마지막으로 후속 수업에 필요한 모든 과제 관련 정보를 교수 하였는지와 부분적으로 어떤 것을 재교수해야 할지를 파악할 수 있는 단계이다. 또한 이 단계에서는 학습속도가 적절한지, 또는 보다 많은 내용을 다루기 전에 학습속도를 조절할 필요가 있는지를 결정하는 데 도움을 준다.

다. 교수-학습 과정안 예시

(1) 교과단원명 : 고등학교 1학년 국어시간 수업
-비판적 이해-

(2) 수업목표

① 비판적 이해에 대한 개념을 분명히 이해할 수 있다.

② 비판을 위한 내적 준거와 외적 준거의 세부적인 기준을 알 수 있다.

(3) 본시 수업안

단계	학습내용	교수-학습 활동		자료 및 유의점	시간
		교사활동	학생활동		
도입	선수학습 상기/확인	▪ 질문을 통하여 선수학습내용을 상기시키며 확인	▪ 교사의 질문에 응답하며 선수학습내용을 상기		5
	학습목표 제시	▪ 본시 학습목표 제시	▪ 본시 학습목표 확인	▪ 판서	
전개	학습내용 제시/설명	▪ 학습내용을 제시한다. -비판의 개념과 특성 -내적준거와 외적준거에 따른 비판의 기준	▪ 교사가 제시한 학습내용을 경청	▪ 판서/ PPT	20
	교사주도 연습	▪ 학습내용에 대하여 교사가 개별적으로 질문	▪ 교사의 질문에 대하여 응답		
	교정/ 피드백	▪ 학생의 대답에 대하여 적절한 교정과 피드백을 제공	▪ 교사의 교정 및 피드백을 통하여 오개념 수정		
	학생주도 연습	▪ 학습내용에 대하여 학생들의 개별 연습 유도	▪ 교사의 유도에 따라 개별연습 실시	▪ 순회 지도	20
정리	요약	▪ 학습내용을 정리하여 전달	▪ 교사의 전달내용 경청		5
	복습/확인	▪ '준거에 따른 비판'과 관련된 다른 텍스트 제시	▪ 교사가 제시한 텍스트를 통하여 본시 학습내용 복습/확인		

3. Joyce & Weil(2000)의 개념 획득 수업모형

가. 일반적 특징

학습활동의 상당한 부분은 개념학습과 밀접히 관련되어 있고, 인간의 인지적 능력의 발달 정도는 개념학습 능력 수준과 비례한다. 개념학습이란 단순한 명칭이나 지식의 획득이 아니라 문제해결 능력이나 고등정신 기능의 육성에 전제 조건이 되므로 개념학습은 학교학습 활동의 핵심 과제로 간주해도 무리가 아닐 것이다.

개념이란 인간이 지각하고 경험한 다양한 사실, 사상들이 공통적으로 가지고 있는 의미 있는 속성에 따라 어떤 범주나 구성으로 표현된 속성들의 총체를 말한다. 따라서 개념을 올바로 학습함으로써 학생들은 삼라만상을 인식할 뿐만 아니라 타인과 명확한 의사소통을 할 수 있게 된다. 따라서 개념학습 기능의 발달을 돕기 위해서 교사는 아동들의 개념 획득 과정을 충분히 이해하여야 하며 상위의 개념이나 추상적인 개념보다는 하위 개념이나 구체적이고 기본적인 개념을 분명하고 체계있게 제시해야 한다.

개념을 발달시켜 가는 과정에서 각 개인은 나름대로의 독특한 방식으로 정보나 경험을 유목화한다. 예를 들면, 우주선을 타고 달 표면을 정복한 우주인이 가지고 있는 달에 대한 개념과 우리가 밤하늘에 떠있는 달에 대하여 일상적으로 갖고 있는 개념 사이에는 분명히 차이가 있다. 그렇지만 모든 사람들은 서로가 의사소통을 하는 가운데 사용하게 되는 개념들에 대하여 적어도 결정적인 속성이라는 면에서는 공통적인 이해를 하고 있다. 이를테면 "달이란 밤에 주로 관찰할 수 있고, 하늘에 떠 있고, 노란빛으로 지각되고, 날이 갈수록 보름달, 상현, 반달, 하현 등으로 변모하고 있다"는 사실을 서로가 인식하고 있으면서 달이라는 개념을 이해하게 된다.

이 모형은 처리 과정을 강조하여 모든 교과영역에서

적용될 수 있고 적용대상 학생은 유치원 학생에서부터 중학교 2학년 수준이 적절하다.

나. 일반적 절차

Joyce & Weil이 제시하는 개념 획득 수업모형의 절차를 간략히 설명하면 다음과 같다.

(1) 1단계

자료제시 및 개념규명 단계로 교사는 예 또는 아니오로 답할 수 있는 예를 제시하고 학생들은 본보기와 비본보기의 속성을 비교하고 가설을 설정하고 검증한다. 끝으로 학생들은 본질적 속성에 따라 개념에 대한 정의를 내린다.

(2) 2단계

개념의 획득 여부를 검증하는 단계이다. 학생들은 추가된 예를 가지고 예 또는 아니오로 답을 한다. 교사는 학생들이 제시한 가설, 명칭, 개념을 확인한 다음 본질적 속성에 따라 다시 정의를 내리고 학생들은 본보기를 만들어 낸다.

(3) 3단계

사고전략을 분석하는 단계이다. 이 단계에서 학생들은 자기들의 생각을 설명하고 학생들끼리 가설과 속성의 역할에 대하여 토론을 벌인다. 또한 학생들은 가설의 형태와 가설의 수에 대하여 논의한다.

이러한 과정을 통하여 학생들은 여러 가지 전략의 효과성을 비교하게 된다. 이 수업모형은 모든 교과에 적용 가능하며 유치원 아동에서부터 모든 수준의 학생들에게도 적용될 수 있다.

다. 교수-학습 과정안 예시(1)

(1) 교과단원명 : 초등학교 5학년 사회시간
-우리나라의 자연환경과 생활-

(2) 수업목표 : 평야, 해안 지역의 특징을 알고, 지형과 생활의 관련성을 이해할 수 있다.

(3) 본시 수업안

단계	학습 내용	교수·학습 활동		자료 및 유의점	시간
		교사	학생		
도입	학습태세 학습의욕 목표제시	▪ 오늘의 학습과제 제시 ▪ 여행한 경험 질문하기 ▪ 학습 목표 제시	▪ 경청 ▪ 여행 경험 이야기하기 ▪ 경청		5
전개	자료 제시	▪ 사전에 조사한 지역의 지형, 자연환경, 생활환경 등을 도표 로 제시하기	▪ 도표 살펴보기	▪ 지역의 지형과 생활환경 관련된 동영상 및 사진	30
	개념규명	▪ 지역명을 예와 아니오로 제시하기 -김해는 예이고, 서산은 아니오이다. -논산은 예이고, 속초는 아니오이다.	▪ 도표를 보고 예와 아니오로 제시한 지역의 정보 살펴보기		
		▪ '예'인 도시들의 공통점과 '아니오'인 도시들의 공통점 질문하기	▪ '예'인 지역들의 공통점인 평야지역의 특징과 '아니오'인 도시들의 공통점인 '해안지역'의 특징 대답하기		
	개념 획득 검증	▪ 다른 지역들을 예로 들어 '예'인지 '아니오'인지 질문하기	▪ '예'와 '아니오'로 지역들을 평야지역과 해안지역으로 구별하여 대답하기		
		▪ 대답에 따른 가설, 이유를 질문하기	▪ 대답에 따른 가설과 이유를 말하고 평야지역과 해안지역의 정의 내리기		
	사고 전략 분석	▪ 지형과 생활환경에 따라 지역을 새로운 범주로 묶도록 토론 안내하기	▪ 자신들이 범주화한 지역의 지형과 생활환경에 대하여 가설과 속성에 대하여 토론하기		
정리	개념 정리	▪ 평야와 해안 지역의 지형과 생활환경의 특징 및 관련성에 대하여 요약 설명하기	▪ 경청		5
	결과강화	▪ 학습한 내용 질문으로 점검하기	▪ 대답		

라. 교수-학습 과정안 예시(2)

(1) 교과단원명 : 초등학교 3학년 과학시간 -물질의 상태-

(2) 수업목표 : 고체와 액체의 특징을 이해할 수 있다.

(3) 본시 수업안

단계	학습 내용	교수·학습 활동		자료 및 유의점	시간
		교사	학생		
도입	학습태세	▪ 오늘의 학습과제 제시하기	▪ 경청하기		5
	학습의욕	▪ 교실에 있는 물체의 이름 제시하기	▪ 물체의 이름 듣고 물체 찾기		
	목표제시	▪ 학습 목표 제시하기	▪ 경청하기		
전개	자료 제시	▪ 교실에 있는 여러 가지 물체의 특성을 도표로 제시하기	▪ 교실에 있는 여러 가지 물체를 조사하고 도표 만들기	▪ 교실의 여러 가지 물체	30
	개념규명	▪ 물체를 예와 아니오로 제시하기 -지우개는 예이고, 우유는 아니오이다. -컵은 예이고, 물은 아니오이다. ▪ '예'인 물체들의 공통점과 '아니오'인 물체들의 공통점 질문하기	▪ 도표를 보고 예와 아니오로 제시한 물체의 특징 살펴보기 ▪ '예'인 물체들의 공통점인 고체의 특징과 '아니오'인 물체들의 공통점인 '액체'의 특징 대답하기		
	개념 획득 검증	▪ 다른 물체들을 예로 들어 '예'인지 '아니오'인지 질문하기 ▪ 대답에 따른 가설, 이유를 질문하기	▪ '예'와 '아니오'로 물체들을 고체와 액체로 구별하여 대답하기 ▪ 고체와 액체의 특징 말하고 그에 따른 가설과 이유 말하기		

단계	학습 내용	교수·학습 활동		자료 및 유의점	시간
		교사	학생		
전개	사고 전략 분석	▪ 여러 물체의 상태를 고체와 액체의 특징에 따라 분류하는 토론 안내하기	▪ 여러 물체의 상태를 고체와 액체의 특징에 따라 분류하고 그에 따른 가설과 속성에 대하여 토론하기		
정리	개념 정리	▪ 물체의 고체와 액체의 특징 및 관련성에 대하여 요약 설명하기	▪ 경청하기		5
	결과강화	▪ 학습한 내용 질문으로 점검하기	▪ 대답하기		

Ⅲ. 사고력 증진 모형

3절에서는 사고력 증진 모형에 속하는 Suchman의 탐구훈련 수업모형, Parnes의 창의적 수업모형, Barrows의 문제중심학습 수업모형을 차례대로 소개하고자 한다. 이 모형들의 공통된 특징은 설명식 모형과는 대조적으로 학습자 중심의 수업활동이 수업의 많은 부분을 차지하는 수업모형에 속한다고 할 수 있다.

1. Suchman(1962)의 탐구훈련 수업모형

가. 일반적 특징

탐구훈련 수업모형은 Suchman에 의하여 개발된 것이다. 그는 물리학자와 같은 창의적인 연구자들이 학문할 때 사용하는 탐구과정의 요소를 찾아내어 이를 근거로 하여 탐구훈련 수업모형을 고안해 냈다. 다른 탐구 수업모형은 탐구결과를 강조하는 데 반하여 탐구훈련 수업모형은 탐구과정을 훈련시키는 데 주 목적을 두고 있다. 그렇다고 탐구결과를 도외시하는 것은 아니다. 이 수업모형이 다른 탐구 수업모형과 다른 점은 문제의 제기와 자료수집 방법에 있다. 문제의 제기는 학생에 의하여 이루어지는 것이다. 학생들이 교사에게 질문을 던지면 교사는 학생의 질문에 대하여 일체의 설명 없이 "예" 또는 "아니오"라는 대답만 할 뿐이다. 이러한 과정을 통하여 학생들은 스스로 필요한 자료를 수집해 나가게 되는 것이다. 결국 문제 분석에 대한 책임은 학생에게 있으며 문제제기를 통하여 학생들의 사고기능은 발달되어 나간다.

이 모형의 특징은 직면한 문제상황에 대한 정보를 해석하여 가설을 형성하고 제시된 정보들이 이 가설을 설명할 수 있는가를 검증하여 가설의 타당성 여부를 입증하는 데 있다.

현대와 같은 지식정보화사회에서 정보로부터 문제상황에 대한 가설을 형성하고 수집된 정보들이 가설을 설명하는가에 대한 검증을 실시하는 정보처리 과정은 정보를 효과적이며 창의적으로 활용하고 처리할 수 있는 학습능력 신장에 의미있는 시사점을 갖는다고 할 수 있다.

나. 일반적 절차

Suchman이 제시하는 탐구훈련 수업모형은 다음의 5단계로 구성된다. 각 단계와 특징은 다음과 같다.

(1) 1단계

문제에 직면하는 단계로 교사는 문제 상황을 제시하고 탐구절차를 설명해 준다. 이 단계에서는 학습문제에 대한 학습자의 의문과 관심사항을 고조시키고, 정보수집에 자발적으로 접근하게 하는 것이 주요 문제이다. 예를 들면, 이 단계에서 교사는 환경오염에 대한 TV를 보여 주면서 학생들이 평소 체험으로 느낄 수 있는 지역의 공기오염 문제로 학생들을 집중시킨다. 학생들은 자신이 겪었거나 환경오염에 관한 여러 가지 경험을 나누면서 문제를 이해하게 된다.

(2) 2단계

자료 수집을 통한 문제 상황을 입증하는 단계이다. 학생들이 목격하고 경험한 사태에 관한 정보를 수집하여 주로 어떠한 대상, 속성, 조건, 사태가 무엇인지를 입증한다. 예를 들면, 이 단계에서 학생들은 환경오염에 대한 정보를 수집할 때 정보를 시각화하거나 목록화하여 활용할 수 있다.

(3) 3단계

자료 수집을 통한 실험 단계이다. 적절한 변인을 연결시키고 인과관계를 증명하게 된다.

(4) 4단계

자료를 조직하여 규칙이나 설명을 구성하는 단계이다. 즉, 전 단계의 정보수집과 자료해석을 근거로 문제에 대한 미래와 현재 상황을 예언해 보고 자료를 설명하도록 하는 단계이다. 어떠한 학생들은 자신이 수집한 정보를 이해하고 있으면서 그것을 잘 설명하지 못하는 경우도 있다. 똑같은 자료를 갖고도 여러 설명이 가능하다. 예를 들면, 이 단계에서 교사는 학생들에게 알게 된 환경오염 실태를 진술하게 하고 이를 토대로 문제에 대한 가설을 형성하게 한다. 학생들은 산업의 발달과 환경오염과의 관계를 가지고 가설을 형성하고 정보를 통하여 가설의 증거자료를 제시할 수도 있는데 이러한 과정을 통하여 추가적인 정보를 수집하여 가설을 더욱 정교화해 갈 수 있는 것이다.

(5) 5단계

탐구과정을 분석하는 단계로 학생들은 탐구전략을 분석하고 효과적인 전략을 개발하는 단계이다. 따라서 학생들은 가장 효과적이고 생산적인 질문과 그렇지 못했던 질문은 무엇이었는지를 결정해야 한다. 교사는 학생들의 질문에 직접 대답하는 대신 필요하다면 학생들에게 새로운 정보를 제시하고 질문을 제기하여 계속 탐구활동을 전개해 나가도록 도와야 한다. 되도록 교사는 탐구활동이 학생들의 연구 활동으로 이어지도록 돕는 것이 좋다. 즉 마지막 단계는 이제까지의 활동 전 과정을 분석하여 학습자의 정보처리 능력에 대한 반성적 사고를 가능케 한다.

다. 교수－학습 과정안 예시

(1) 교과단원명 : 초등학교 5학년 사회시간 -독립운동-

(2) 수업목표 : 독립운동에 대해 이해할 수 있다.

(3) 본시 수업안

단계	학습 내용	교수–학습 활동		자료 및 유의점	시간
		교사활동	학생활동		
도입	문제 직면 하기	▪ 환경오염의 실태를 담은 영상을 제시 하고 학생 스스로 문제점을 생각해 보도록 함.	▪ 다양한 환경오염의 실태를 살펴보고 문제점에 대해 생각하기	▪ 환경오염의 실태를 담은 다큐영상	10
전개	정보 수집 하기	▪ 다양한 자료수집의 방법이 있음을 안내해 주고 절차를 설명함.	▪ 다양한 환경오염의 실태와 원인을 조사하고 정리하기.	▪ 컴퓨터 활용 및 조별 활동	25
	가설 및 설명 하기	▪ 발표 유도	▪ 자신이 조사한 환경오염의 실태와 원인을 토대로 해결 방법을 정리하고 발표하기.		
	가설 검증 및 과정분석 하기	▪ 다양한 환경오염의 원인과 해결방법의 적절성 검토하도록 자료제시	▪ 자신과 다른 사람들의 해결 방법을 보고 자료의 비교와 분석을 통해 결론을 제시 하기.		
정리	정리	▪ 객관적인 자료에 근거해서 다양한 자료를 수집해 볼 것을 유도	▪ 문제해결과정 자기평가 하기		5

2. Parnes(1966)의 창의적 수업모형

가. 일반적 특징

Parnes는 창의력은 학습될 수 있는 한 행동 혹은 일련의 행동으로 보았으며 창의력은 타고난 고정된 것이 아니며 의도적으로 조작할 수 있고 개발할 수 있어 모든 인간은 보다 더 창의적이 될 수 있으며 삶에 창의력을 적용할 수 있다고 가정하였다.

또한 Parnes는 창의적 행동이 학습될 수 있다고 믿기 때문에 교육자들은 창의적 행동을 가르칠 수 있으며, 또 가르쳐야 한다고 굳게 믿었다. Parnes는 창의적 문제해결 모형은 배우기 쉽고, 가르치기도 쉬우며, 적용하기도 쉽다고 생각하고 창의력을 가르치는 교사는 아동이 그들 자신의 산출을 개발하도록 자극하고, 자신을 표현하도록 하며, 말하기보다는 들어주어야 한다고 하였다. 창의력을 가르치는 사람들은 정보를 제공하는 방법에 있어서 그들이 창의적이지 않아도 되며 창의적 행동을 학습할 수 있는 분위기를 조성해 주는 것이 더 필요하므로 교사는 아이디어를 자유스럽게 표현할 수 있도록 심리적으로 안정된 분위기를 만들어 주어야 하며, 장난스러움도 격려해주고, 생각할 여유를 주며, 아이디어의 질뿐만 아니라 양도 격려해 주어야 한다고 하였다.

나. 일반적 절차

Parnes의 창의적 문제 해결 모형은 다섯 단계로 되어 있다. 각각의 단계에는 다양한 아이디어를 산출하기 위한 확산적 사고 단계와 계속적인 탐구를 위해 가장 적합한 아이디어를 선택하는 수렴적 사고 단계를 포함하고 있다. 이 수업모형은 과학, 수학, 미술, 음악 등의 교과에 유용하게 적용될 수 있다.

(1) 1단계 : 사실 발견

이 단계에서는 문제에 대해 알고 있는 모든 것을 목록화 하는 단계이다. 이를 위해서 Parnes는 누가, 무엇을, 언제, 어디서, 왜, 어떻게 등 6하 원칙을 사용할 것을 권한다.

(2) 2단계 : 문제 발견

이 단계에서는 문제에 대한 대안적인 정의를 목록화하는 단계이다.

문제의 정의는 해결안의 본질을 결정할 것이다. 각각의 진술을 "문제가 되는 것은 …"으로 시작하는 것이 유용하다.

(3) 3단계 : 아이디어 발견

이 단계에서는 확산적 사고, 즉 브레인스토밍이 이루어지는 단계이다. 2단계에서 제시된 문제 정의에 맞는 아이디어들이 자유롭게 목록화 된다.

(4) 4단계 : 해결안 발견

이 단계에서는 아이디어를 평가하기 위한 준거가 목록화 된다. 시간, 다른 사람의 견해, 자료, 아이디어의 장·단점 등이 고려된다.

(5) 5단계 : 수용성 발견

이 단계에서는 행동으로 옮길 수 있는 가장 좋은 아이디어에 대해 생각하는 단계이다.

다. 교수-학습 과정안 예시(1)

(1) 교과단원명 : 초등학교 4학년 사회시간
-국민의 대표들이 모인 국회-

(2) 수업목표 : 지역의 대표를 뽑는 올바른 방법을 알 수 있다.

(3) 본시 수업안

단계	학습 내용	교수-학습 활동		자료(※) 및 유의점(◎)	시간
		교사활동	학생활동		
도입	동기 유발	▪ 분위기 조성 및 동기유발 하기 ▪ 전교어린이회 선거유세 모습을 보고 경험 말하기 -기억에 남는 것은 무엇인가요? -좋았던 점은 무엇인가요?	▪ 반가를 율동과 함께 부르기 ▪ 전교어린이회 선거 유세 모습을 보고 경험 말하기 -기억에 남는 것 이야기하기 -좋았던 점 이야기하기	※학교 홈페이지 ◎사전의 경험을 활성화 시킨다.	5
	학습문제 제시	지역의 대표를 뽑는 방법을 알아봅시다.			

단계	학습 내용	교수-학습 활동		자료(※) 및 유의점(◎)	시간
		교사활동	학생활동		
전개	사실 발견	▪ 지역의 대표를 선출하는 과정 알아보기 -후보자 등록－선거 운동 -투표－개표－당선자 확정	▪ 지역의 대표를 선출하는 과정 살펴보기 -후보자 등록－선거 운동 -투표－개표－당선자 확정	※선거 유세 동영상	30
	문제 발견	▪ 선거 과정에서 발생할 수 있는 문제점 알아보기 -선거 과정에서 발생할 수 있는 문제점은?	▪ 선거 과정에서 발생할 수 있는 문제점 발견하기 -선거 과정에서 발생할 수 있는 문제점 찾아보기		
	아이디어 발견	▪ 불법 선거 발생에 대해 알아보기 -불법 선거가 발생하는 경우는? ▪ 불법 선거 발생 시 나타나는 문제점 알아보기 -불법 선거를 하면 어떤 일이 일어날까요?	▪ 불법 선거 발생에 대해 알아보기 -불법 선거가 발생하는 경우 이야기하기 ▪ 불법 선거 발생 시 나타나는 문제점 생각하기 -불법 선거를 할 경우 일어날 수 있는 모습 예측하기	◎브레인스토밍 활용하여 다양한 아이디어를 생성 하도록 한다.	
	해결 발견	▪ 올바른 대표 선출 방법에 대해 토의 및 발표하기 -모둠별로 토의하기 -모둠별로 발표하기	▪ 올바른 대표 선출 방법에 대해 토의하기 -모둠별로 토의하기 -모둠별로 발표하기	◎모둠별 토의가 활발히 이루어지도록 지도한다.	
정리	수용 발견	▪ 자료 정리 -발표를 듣고 가장 좋았던 방법 의견란에 올리기 -올바른 대표 선출을 위한 실천 방법을 댓글로 달기	-올바른 선출의 방법 의견란에 올리기 -올바른 대표 선출을 위한 실천방법 댓글로 달기	※의견나무, 포스터 잇	5

라. 교수－학습 과정안 예시(2)

(1) 교과단원명 : 초등학교 5학년 국어과 -감동의 울림-

(2) 수업목표 : 여러 가지 방법을 사용하여 시의 일부분을 바꾸어 쓸 수 있다.

(3) 본시 수업안

단계	학습 내용	교수·학습 활동		자료(※) 및 유의점(◎)	시간
		교사활동	학생활동		
도입	학습 분위기 조성 동기유발	▪ 학습 분위기 조성하기 -인사하기, 구호하기 ▪ 짧은 광고 문구를 2개 듣고 다른 부분 찾기 -두 광고 문구에서 다른 점은? ▪ 틀린 그림 찾기 -두 그림에서 다른 점은?	▪ 인사하기 ▪ 반 구호하기 ▪ 두 광고 문구를 듣고 다른 점 이야기하기 ▪ 두 그림을 보고 틀린 점 이야기하기	※틀린 그림 카드 ◎학습자의 수준에 따라 난이도를 조절하여 모두가 참여할 수 있게 한다.	7
	학습문제 제시	여러 가지 방법으로 시의 일부분을 바꾸어 써봅시다.			
전개	사실 발견	▪ 시 감상하기 -'우리나라 지도' 들어보기 -낭독 하기 -떠오르는 모습은? -내용은?	▪ 시 감상하기 -'우리나라 지도' 듣기 -다같이 낭독 하기 -떠오르는 모습 이야기하기 -내용 이야기하기	※낭독 동영상 ◎각자의 사전 경험을 떠올려 떠오르는 모습을 이야기 하도록 한다.	28
	문제 발견	▪ 시를 바꾸어 써보는 방법 탐색하기 -시를 바꾸어 써보는 방법은?	▪ 시를 바꾸어 써보는 방법 이야기하기 -제목만 바꾼다. -길이를 바꾼다. -내용을 바꾼다. -1연만 바꾼다.	◎다양한 의견을 제시 할 수 있는 분위기를 조성한다.	
	아이디어 발견	▪ 개인별로 시를 바꾸어 써보기 -각자 시를 바꾸어 써보기	▪ 각자 시를 바꾸어 써보기		

단계	학습 내용	교수·학습 활동		자료(※) 및 유의점(◎)	시간
		교사활동	학생활동		
전개	해결 발견	▪ 시 돌려 읽기 -모둠별로 시를 돌려 읽기 ▪ 칭찬하기 -모둠별로 친구의 시를 읽고 잘된 점 칭찬하기 ▪ 대표시 뽑기 -모둠별로 대표시 뽑기	▪ 모둠별로 시 돌려 읽기 ▪ 친구의 시의 잘된 점 칭찬하기 ▪ 모둠별 대표시 뽑기	◎조원 모두가 참여 할 수 있도록 격려 한다.	
정리	수용 발견	▪ 시화전으로 꾸미기 -각자의 시를 예쁘게 꾸며보기	▪ 바꾸어 쓴 시를 예쁘게 꾸미기	※스케치북, 싸이펜, 색연필, 색종이, 가위, 풀	5

3. Barrows(1994)의 문제중심학습 수업모형

가. 일반적 특징

문제중심학습(Problem-Based Learning: PBL)은 1960년대 캐나다의 의과대학에서 의학교육의 문제점을 개선하기 위하여 강의식 암기중심 수업을 지양하고, 학습자가 현실에서 직면하고 있는 맥락적인 문제, 또는 사례를 중심으로 이루어지는 수업을 해야한다는 인식에서 시작되었다(Barrows, 1986). 초기 PBL을 개발한 Barrows는 의과대학 학생들이 오랜 시간 매우 힘든 교육을 받으면서도 인턴이 되어서는 실제 환자들을 진단하는 데 어려움을 겪는 것을 보고, 전통적인 의과대학의 교육에 문제가 있다고 생각하게 되었다. 이러한 문제의식 속에서 그는 의사가 되기 위해서 갖추어야 할 지식이나 기능을 분석하였다.

분석 결과, 의대 학생들은 기초과학 수업에서 많은 양의 지식을 암기하지만, 실제 환자와 직면했을 때는 훨씬 고차원적인 문제해결 기능을 요구하게 된다는 것이 밝혀졌다. 따라서 PBL은 복잡한 실제 세계의 맥락 속에서 비구조화된 문제를 제시하여 학습자가 문제나 과제에 대한 의미있는 해결방법을 찾아내게 함으로써 교과지식과 기술뿐만 아니라 문제해결 전략을 동시에 가르치는 교육과정인 것이다. 문제해결 과정은 실제적인 문제가 주어지고 문제의 원인과 해결안을 제시하는 과정으로 구성된다.

나. 일반적 절차

문제중심학습의 진행 단계 및 절차는 고정된 것이 아니며 맥락에 따라 다양한 형태로 변형시켜 적용할 수 있다. 그러나 대체로 수업의 계열은 문제를 제시하고 분석하는 단계로부터 시작하여 협동적 학습과 자기 주도적 학습을 통해 문제에 대한 해결안을 탐색하고 이것을 집단토의 과정에서 재구성하고 공유하는 단계로 진행된다. 가장 널리 알려진 하버드 의대에서 구안된 PBI의 절차는 다음과 같다.

(1) 하버드 의대의 PBI 절차

① 1단계 : 학생들에게 문제 시나리오를 제시한다.
② 2단계 : 각 집단별로 문제를 정의한다.
③ 3단계 : 집단별로 학습목표를 확인한다.

④ 4단계 : 학습목표를 달성하기 위해 자기주도적 개별학습을 진행한다.

⑤ 5단계 : 집단별로 학습결과를 발표하고 토의하여 목표의 달성 여부를 확인한다.
이때 추가적인 개별학습과 토의가 이루어질 수 있다.

⑥ 6단계 : 집단별로 연구결과를 종합하고 요약한다.
학생들은 학습결과를 다른 상황에 일반화한다.

이와 같은 선행이론 및 모형들에 기초하여 다음과 같은 8단계의 PBI 절차를 구안하였다.

(2) 8단계의 PBI 절차

① 1단계 : 문제와 관련된 쟁점사항들을 소개한다.

② 2단계 : 소집단 토의를 통해서 문제를 분석한다.

③ 3단계 : 소집단 토의를 통해서 잠정적인 문제해결안을 작성한다.

④ 4단계 : 문제를 해결하기 위한 실행계획을 수립한다.

⑤ 5단계 : 자료를 탐색하고 주어진 과제를 해결한다.

⑥ 6단계 : 소집단별로 발표 및 토의를 통해서 집단별 해결안을 작성한다.

⑦ 7단계 : 소집단별 해결안을 발표한다.

⑧ 8단계 : 학습의 과정과 결과를 평가하고 반성한다.

PBI는 문제의 제시로부터 시작된다. 문제가 제시되면

학생들은 분석을 통해서 문제와 관련하여 이미 알고 있는 것과 더 알아야 할 부분들이 무엇인지 확인해야 한다. 이 과정에서 '이 문제를 해결할 수 있는 방법은 무엇인가?', '이 문제의 해결과 관련하여 우리가 이미 알고 있는 것은 무엇인가?', '이 문제를 해결하기 위해서 우리가 더 알아야 할 것은 무엇인가?', '우리는 이 사항들을 어떻게 알 수가 있는가?'라는 자기 반성적 질문을 제기해야 한다(강인애, 1997, 1998; 강인애 외, 1998; 김선자, 1998; Dolmans et al., 1992).

문제를 분석한 다음 학습목표를 설정한다. PBI에서 학습목표란 문제와 관련하여 해결되어야 할 쟁점들(issues) 즉, 문제해결 과정에서 각 문제해결 집단들의 지적 결핍으로 인해 나타나는 학습필요를 의미한다(West, 1992). 문제의 분석과 학습목표의 확인을 위해서는 'K-NK 표시판'(Know/ Need to know Board)을 활용하는 것이 편리하다. 'K'(Know)부분은 문제와 관련된 기지의 사실들을 기록하며 'NK'(Need to know) 부분은 문제 해결을 위해 추가적으로 알아야 할 내용들의 기록으로 이후 자기 주도적·협동적 학습의 초점이 된다(강인애, 1997, 1998; 김선자, 1998; Butles, 1997).

학습목표의 설정 후에는 소집단을 편성하고 구성원들에게 과제를 부여한다. 과제 분담 방식은 구성원들이 각자 서로 다른 과제를 분담하는 방식, 모든 조원들이 동일한 과제를 수행하는 방식, 과제를 핵심과제와 주변과제로 구분하여 핵심과제는 모든 조원들이 공동으로 수행하고 주변과제는 개인별로 분담하는 절충형을 사용할 수 있다(Butler, 1997).

조원들이 과제를 분담하고 나면 자기 주도적 학습을 통해서 과제를 해결해야 한다. 이것은 문제해결에 필요한 정보와 자료를 수집하는 과정을 의미한다. 학생들은 전문가나 자원인사들과의 면담, 실험, 서적, 보고서, 참고서, 영상자료, 신문, 웹 사이트 등을 활용하여 자료를 수집할 수 있다.

문제해결을 위한 탐구는 자기 주도적 학습을 통해서 개별적으로 수행되지만 그 결과는 집단 구성원들 간에 공유되어야 한다. 소집단 토의를 통해 연구의 결과들이 문제해결에 도움이 되는지 여부를 검토해야 하며, 도움이 되지 않는다면 이전의 학습목표를 수정하고 다시 개별 연구단계를 거쳐야 한다. 이와 같은 자기 주도적 학습과 협동적 학습의 순환적 과정은 문제의 해결안이 도출될 때까지 계속된다(Ryan & Koschmann, 1994).

개별학습과 협동학습을 통해서 집단 구성원들 간에 지식이 공유되고 나면 해결안을 도출하는데, 각 집단별로 다양한 해결안을 제시하고, 적합성의 측면에서 해결안들을 분석해야 한다. 이러한 분석을 통해서 학생들은 획득한 지식을 명료화할 수 있다(Gallagher et al., 1992).

다. 교수-학습 과정안 예시

(1) 교과단원명 : 중학교 3학년 사회 -다문화 가정-

(2) 수업목표 : 다문화 가정의 사회적 통합 가능성을 위한 해결 방안에 대해 이해할 수 있다.

(3) 본시 수업안

<table>
<tr><th rowspan="2">단계</th><th rowspan="2">학습 내용</th><th colspan="2">교수-학습 활동</th><th rowspan="2">자료 및 유의점</th><th rowspan="2">시간</th></tr>
<tr><th>교사활동</th><th>학생활동</th></tr>
<tr><td rowspan="2">도입</td><td>분위기 조성</td><td>▪ PBL수업의 소개
▪ 수업 분위기 조성</td><td>▪ 수업 분위기 조성에 대한 적극적 태도</td><td>▪ 교사와 학습자의 역할 소개</td><td rowspan="2">7</td></tr>
<tr><td>문제제시</td><td>▪ 다문화 가정에 대한 문제제시
-다문화 가정의 사회적 통합을 위한 해결 방안은 무엇인가?
▪ 제출할 과제와 기한 소개</td><td>▪ 경청</td><td>▪ 주변의 실례를 통하여 문제를 친근하게 느끼도록 함</td></tr>
<tr><td rowspan="2">전개</td><td>문제해결 단계</td><td>▪ 학습자료 제공</td><td>▪ 소집단 구성하여 역할 분담
▪ 소집단별 목표 선정
▪ 가정, 사실, 학습과제, 실천계획 등을 결정
▪ 각 소집단별, 개인별 과제 해결을 위해 필요한 학습자료를 선택</td><td>▪ 소집단활동과 개별 활동이 함께 이루어짐</td><td rowspan="2">33</td></tr>
<tr><td>문제해결 정리단계</td><td>▪ 소집단활동 유도</td><td>▪ 활용된 학습자료를 종합하고 그에 대한 의견 교환
▪ 주어진 문제에 대해 새로운 접근 시도
▪ 가정, 사실, 학습과제, 실천계획 등을 수정
▪ 소집단 토론을 통해 학습과제가 분석한 후 개인별 과제 해결 시간을 가짐</td><td>▪ 소집단활동을 통한 토의내용을 전체 구성원들이 공유할 수 있도록 유도함
▪ 개인별 과제 해결 시간에 모든 학생이 능동적으로 참여할 수 있도록 지도</td></tr>
</table>

단계	학습 내용	교수-학습 활동		자료 및 유의점	시간
		교사활동	학생활동		
전개	결과물 제시	▪ 정리 및 발표 준비 분위기 유도 ▪ 소집단별로 도출된 과제해결안을 발표하도록 함	▪ 과제 작성 요령 익히기 ▪ 경청태도 익히기	▪ 멀티미디어 활용	
정리	문제결론 및 평가	▪ 지식의 일반화를 통한 정리 ▪ 우수팀 선정	▪ 개별 학습지 작성	▪ 우수팀에게 상수여 ▪ 학생스스로가 평가과정에 참여하도록 지도	5

Ⅳ. 사회 상호작용 모형

4절에서는 사회 상호작용 모형에 속하는 Hill의 토의수업모형, Shaftel & Shaftel의 역할놀이 수업모형, Johnson & Johnson의 협동학습 수업모형 등을 소개하고자 한다. 이러한 모형의 공통된 특징은 수업활동 가운데 학습자의 적극적인 수업 참여와 함께 동료들과의 활발한 상호작용이 요구되며 이러한 결과가 수업활동에 상당한 영향을 미친다는 것이다.

1. Hill(1969)의 토의수업모형

가. 일반적 특징

토의수업모형에는 일반절차 토의수업모형, 학습조건 또

는 내용 토의수업모형, 형태 또는 행동 토의수업모형으로 나눌 수 있다(권낙원, 1996). 일반 토의수업모형이란 교과나 학년에 관계없이 어디에서나 활용될 수 있는 토의 절차를 중심으로 개념화해 놓은 수업모형이다. 내용 토의수업모형이란 내용을 고려한 토의모형을 말하고, 형태 또는 행동 토의수업모형이란 토의의 형태에 따른 토의수업모형을 의미한다. 이 가운데 본 저서에서는 일반 토의수업모형에 속하는 Hill의 모형을 소개하고자 한다.

Hill은 자신이 개발한 토의수업모형을 토의학습(Learning Through discussion: LTD)으로 명명하였다. 이 수업모형은 어느 특정 교과내용을 가르치는 데 사용되기 보다는 다양한 교과에 두루 적용되어지는 수업모형이다. 초기에 그는 이 수업모형을 대학생을 대상으로 그들을 가르치기 위한 모형으로 개발하였으나, 이 모형은 초·중등 학생에게도 동시에 활용되어질 수 있는 토의모형으로 알려지게 되었다. 이 모형에 따르면 토의에 앞서 준비단계를 거치는 데, 준비단계에서 해야 할 일로서 학생들은 교사가 부과한 과제 즉, 자료나 교과내용을 읽고 토의전반에 대한 준비를 갖추는 일이다.

토의가 시작되면 학생들은 과제수행을 통해 얻은 지식이나 기능을 토의하며, 용어, 개념, 저자의 의도, 주제, 하위 주제, 교과내용과 지식내용과의 통합, 자료의 응용, 평가의 절차를 거쳐 내용진술 및 토의를 진행해 나간다. Hill은 1969년에 자신의 토의수업단계를 9단계로 나누었으나, 1994년도에 출판된 「토의학습」이라는 책자에서는 토의수업단계를 8단계로 제시하고 있다. 9단계는 시간 배당, 글 주제와 하위 주제의 토의, 교과내용과 지식내용과의 통합, 토의문제의 적용, 자료의 평가, 토의와 토론자의 평가이다. 8단계는 사전준비, 어휘, 교과내용에 대한 일반 진술, 주 주제와 하위 주제의 설정, 내용의 통합, 내용의 응용, 내용의 평가, 집단 및 개인 성취 평가로 구성된다.

언뜻 보기에 9단계와 8단계는 차이가 있어 보이나, 근본적으로는 차이가 없다. 단지 8단계에서는 사전준비가 더 강조되었을 뿐, 나머지 단계는 표현만 다를 뿐 구체적인 내용은 거의 같다. 본 저서에서는 편의상 8단계를 간단히 소개하고, 이어 효과적인 토의집단구성, 집단구성원의 역할 및 기능, 지도자의 역할, 교사의 역할을 설명하고자 한다.

나. 일반적 절차

① 단계 1 : 사전준비(checking in)

앞에서 Hill의 토의학습(LTD)모형은 대학생을 대상으로 개발된 토의모형임을 지적하였다. 대학은 일반 초・중등학교와 달리 집단구성원들이 이 강좌에서 저 강좌로 옮겨 다니기 때문에, 강좌마다 서로 잘 모르는 학생들로 집단을 구성한다. 따라서 서로를 잘 알지 못하기 때문에, 토의집단을 구성하여 토의를 시도하려면 우선 집단구성원끼리 자기소개가 필요하다. 자기소개를 통하여 학생들은 이름만 소개할 뿐만 아니라 전화번호도 서로 교환하게 되며, 과와 전공도 서로 알게 된다. 그러므로 집단 구성원끼리 서로 친밀감이 조성되어 토의가 원만히 진행될 수도 있다. 또한 이 단계에서는 자기소개 이외에, 학생들에게 토의절차를 알려 둘 필요가 있다. Hill은 자신의 저서 토의학습(LTD) 책을 학생들에게 나누어 주어 이 책을 읽어 오도록 하는 것이 좋으며, 시간이 없을 경우에는 토의학습(LTD) 책을 직접 간략히 설명해 줄 것을 권장하고 있다.

② 단계 2 : 어휘(용어와 개념정의)

어려운 자료를 읽어보면 새로운 용어나 개념에 봉착하게 된다. 이 경우, 이들 용어나 개념의 뜻을 정확히 파악하는 것이 좋다. 사전은 좋은 참고서가 된다. 그러나 단지 사전에 의지해 뜻만 아는 것에 그치지 말고, 자기 스스로 용어의 의미를 이해하는 것이 필요하다. 또한 용어나 개념의 의미가 상황에 따라 어떻게 달라지는지도 알아둘 필요가 있다. 이것은 단지 용어의 의미를 파악하는 것으로 그치지 않고 독서습관이나 언어에 대한 관심, 공부습관을 기르는 데에도 도움이 된다.

③ 단계3 : 내용의 일반진술

(General Statement of the Author's Message)

이 단계는 독서 자료를 읽고 중심내용을 파악하는 단계이다. 어떠한 책에는 서론 부분에 중심내용이 제시되어 있는 경우도 있다. 만일에 독서과제가 실험보고서인 경우 중심내용은 일반가설이 될 수도 있다. 그러나 많은 경우, 필자가 하고자 하는 말이 무엇인지를 정확히 파악하기 어려운 경우도 많다. 비록 중심내용이 목차나 서론 부분에 제시되어 있다 하더라도, 자신의 말로 중심내용을 표현할 줄 알아야 한다. 그렇다 하더라도 다른 사람들에게 중심내용으로 인식되지 않는 경우도 있다. 이러한 경우에는 중심내용이 무엇인지에 대한 토론이 요구된다.

④ 단계4 : 주 주제와 하위 주제의 설정 및 토의

학습 자료들은 여러 개의 중요한 주제와 하위 주제로 나누어진다. 많은 책들은 각 장이나 절마다 주요 주제와 하위 주제를 제시하고 있다. 또한 어떠한 교재에서는 주요 주제나 하위 주제가 도표로 제시될 경우도 있다. 그러나 그렇지 않은 교재도 많다. 예를 들면, 국어의 문학부분에는 구체적인 주제가 제시되어 있지 않다. 이러한 경우에는 상당히 깊은 사고를 동원하여 주제를 결정하지 않으면 안 된다. 교과내용에 관한 토의에서는 주제가 셋 내지 네 개 정도가 적합하며, 네 개 이상의 주제가 있을 경우에는 중요도에 따라 셋 내지 네 개의 주제를 결정해야만 된다. 어떠한 주제는 1시간 정도 소모될 수도 있으며 토의에만 2주 이상 소요될 수도 있다. 중요한 것은 시간에 쫓겨 토의학습이 방해되어서는 안 되며, 오히려 하찮은 토의를 줄여나가는 것이 좋다. 더욱 더 중요한 것은 토의학습(LTD)에서는 학생의 의견보다는 특정 주제에 관한 내용이 무엇인지를 결정하는 것이 강조된다. 이것은 학생의견이 중요하지 않아서가 아니다. 반대로, 학생의견은 오히려 토의과정에 있어 매우 중요하다. 그러나 만일 토의를 시작할 때, 집단구성원들이 각자의 의견을 제시하지 않으면 토의학습(LTD)의 성과가 없기 때문이다.

예를 들면 대부분의 사람들은 진화론이나 정신 분석, 공산주의에 대하여 고정관념은 갖고 있으나, 다윈의 진화론이나 프로이드의 정신분석학, 막스의 공산주의론에 대해서는 거의 모르거나 결코 읽은 일이 없을 수도 있다. 이러한 상황에서는 구체적인 내용을 모르기 때문에, 진정한 학습이 일어날 수 없는 것이다.

앞서 언급한 4단계는 결국 교재 내용자체의 이해에 국한된 것이다. 내용자체를 올바로 이해하고 있으면, 그 내용에 대한 자신의 의견이 생기기 마련이며, 이 단계에서부터 토의가 시작된다.

⑤ 단계5 : 내용의 응용(통합)

이 단계는 토의에서 거론된 내용을 통합하는 단계이다. 대부분의 교육자들은 학교에서 배운 내용이란 단편적이고 단절적이라고 주장한다. 그럼에도 불구하고, 교사들은 학생들에게 단절된 지식을 전달하고 있다. 그러나 단절된 지식이란 인간의 삶을 이해하는데 큰 의미를 갖지 못한다.

지식과 지식이 서로 관련을 맺으면서 통합된 지식으로

서의 체계를 갖출 때, 비로소 지식은 의미를 갖게 되는 것이다. 따라서 이 단계에서는 토의에서 거론된 내용을 이미 거론된 토의내용이나 아니면 이미 배운 지식, 앞으로 배울 내용과 관련을 지어 이해하도록 돕는다. 이 단계에서 해야 할 과제로서는, ① 토의에서 거론된 내용이 다른 개념이나 아이디어를 이해하는 데 어떠한 의미를 갖고, 어떻게 활용될 수 있는지를 진술케 하고, ② 토의에 거론된 내용이 이미 학습한 내용과 일치하는지를 알 수 있는 질문을 구성하고, ③ 이어 그 내용이 어떠한 점에서 일치하고, 모순되며, 보완이 될지를 진술케 하며, ④ 다른 구성원들이 진술한 내용을 간략히 요약한다. ⑤ 집단들이 어려워하는 내용을 진술케 하며, ⑥ 토의 내용을 보다 간략히 진술토록 하거나 도와주어, ⑦ 특히 도움이 될 만한 설명에 대해서 관심을 갖거나 보상을 해준다.

⑥ 단계6 : 토의 내용을 자신에 적용하기

지식이란 분절할 필요도 있지만 통합되어야 한다. 지식은 자신에게 가치나 의미를 부여할 때 그 의미가 있다. 이론적 지식이 실제 응용될 때 개인은 지식에 대한 애착을 느끼며, 토의된 내용을 동일시하고 나아가 책에 있는 내용대로 경험하거나, 또는 수정하거나 한다. 이 단계에서 교사가 해야 할 과제는 아래와 같다.

첫째, 토의 내용이 집단구성원들에게 왜, 어떻게 유용한지를 진술케 한다.

둘째, 토의 내용이 어떻게 응용되고, 어떻게 유용한지에 관한 실례를 들도록 한다.

셋째, 교과의 필자가 가치롭게 보는 이유와 자신의 경험을 비교하게 한다.

넷째, 토의 내용의 유용성을 점검케 한다.

다섯째, 토의 내용의 설명이 이해에 도움이 되는 것에 관한 예를 들도록 한다.

⑦ **단계7 : 자료 내용의 평가**

토의 과정에서 중요한 것은 개인의 반응이다. 그 반응은 비판이 될 수도 있고, 토의 내용에 대한 감정표현이 될 수도 있다. 토의가 효과적이면, 건설적 비판은 필수적이다. 단, 비판할 경우에는 내용자체이어야지 개인의 인격에 관련된 비판이 되어서는 안된다. 이 단계에서의 평가는 교과내용에 관한 필자의 주장이나 이론, 논리, 방법, 결론을 포함한다. 이 단계에서 교사의 역할은 아래와 같다.

첫째, 교재 내용을 토의 집단이 평가하는데 도움이 되는 질문을 제기한다.

둘째, 필자 주장의 타당성을 지지하는 점, 또는 질문하는 점을 진술하게 한다.

셋째, 내용자체가 왜, 어떻게 쓸모가 있는지, 또는 없는지를 진술하게 한다.

넷째, 자료의 유용성을 평가하는데 도움이 되는 질문을 구성한다.

⑧ 단계8 : 집단 및 개인 성취의 평가

토의의 마지막 단계는 평가단계이다. 대체로 토의법의 효과는 개인적 차원에서 개인의 교과 성취에 국한되어 있으나, 토의를 효과적으로 이끌기 위해서는 집단의 성취, 집단의 과정 또한 중요하다.

다. 효과적인 토의 수업 운영

효과적인 토의가 운영되려면 철저한 준비, 적극적인 참여, 집단구성원간의 협조 등이 요구된다. Hill은 효과적인 토의 수업 운영을 위한 몇 가지 원칙을 다음과 같이 제시하고 있다.

첫째, 가능한 집단구성원은 전원 참석하여 토의 준비를 갖추어야 한다. 효과적인 토의를 위해서 집단구성원은 단지 자리만 채우는 것이 아니라, 적극적으로 참여하여 토의 자료를 읽고 이해한 내용에 대하여 서로 의견을 교환해야 한다.

둘째, 집단 토의는 협동적인 학습경험을 요구한다. 전통적인 수업에서는 학생들의 경쟁을 조장한다. 점수를 통한 서열화가 그 예이다. 그러나 토의학습(LTD)에서는 집단간의 노력을 통한 교과 목표의 달성을 강조한다. 따라서 경쟁보다는 집단구성원간의 협동이 요구된다.

셋째, 모든 집단구성원은 적극적으로 참여하여 상호작용해야 한다. 이것이야말로 토의학습의 핵심이다. 적극적으로 참여 한다는 의미는 모든 개인이 토의자료를 사전에 검토해올 뿐만 아니라, 토의가 진행되는 과정에서 자료검토 후, 자료내용에 대한 자신의 의견을 제시하는 것을 포함한 집단구성원간의 인간관계 개선에도 노력함을 뜻한다. 만일에 자료검토가 불충분할 경우에는 타구성원의 의견을 경청할 뿐만 아니라, 타인의 아이디어나 의견에 대하여 질의나 설명을 요구할 수 있다. 그러나 참여와 상호작용은 다른 의미이다. 상호작용이란 상대방의 의견이나 아이디어에 대한 반응을 보이고, 이에 대한 상대의 반응이 교환되는 과정을 뜻한다. 다시 말하면, 의견이나 아이디어가 교환되는 과정이라고 볼 수 있다.

넷째, 토의수업은 즐거워야 한다. 모든 수업이 그러하듯이 수업분위기는 중요하다. 특히 토의에서는 학생들이 자신의 의견이나 아이디어에 대해 발표하기를 꺼려한다. 그러므로 상대의 아이디어에 대하여 비판한다거나 조롱하게 되면 발표자는 더욱 의기소침해져서 발표를 꺼리게 된다. 무엇보다 중요한 것은 민주적이고 화목한 분위기를 형성하도록 노력해야 할 것이다. 특히, 아이디어나 문제해결력은 비 위협적이고 수용적인 분위기 속에서 생겨난다는 점을 유의해야 한다.

다섯째, 토의자료는 충분히 다루어져야 한다. 자료를 효과적으로 다루기 위해서는 개인들의 준비상태, 구성원간의 협동적인 상호작용, 인지기능 등이 요구된다. 그러나 이러한 특징들만 갖추었다고 효과적인 토의를 보장할 수는 없다. 효과적인 토의를 위해서는 토의에 필요한 절차가 요구된다. Hill에 의하면 효과적인 토의를 위해서는 토의학습(LTD)절차가 요구된다고 주장한다.

여섯째, 토의평가는 개인평가와 집단평가를 필요로 한다. 일반적으로 전통적 수업에서는 개인의 성원만을 강조하는데 반하여, 토의에서는 개인의 성원뿐만 아니라 집단의 과정이나 성취를 강조한다. 그 이유는 집단 간의 과정이나 성원을 통해서 개인의 성취도가 향상되기 때문이다.

라. 집단 구성원의 역할

① 토의의 시작

집단 구성원들이 토의를 시작할 때, 역할을 분담하는 일은 매우 어렵지만, 서로 양보하지 말고 자진해서 먼저 발언하는 것이 바람직하다.

② 정보교환

토의학습(LTD) 방법에서 학생들은 하위 주제에 포함된 일반적인 내용이나 아이디어로 진술할 필요가 있다. 토의 훈련이 잘된 학생들은 자발적으로 정보를 교환하겠지만, 특히 토의 시작단계에서 정보를 제시하는 것이 바람직하다.

③ 의견 교환

만일 한 구성원이 정보를 제시한다면, 나머지 구성원들은 이에 대한 의견을 교환하도록 해야 한다. 구성원들 간에 의견교환이 많을수록 유익한 아이디어나 해결책을 얻을 수 있는 것이다.

④ 본보기 제시 및 재 진술

집단 구성원들은 상대방이 무엇을 발언했는지를 재 진술할 필요가 있다. 그러므로 발언자가 의도하고 있는 것을 정확하게 알 수 있다. 또한 본보기를 제시함으로써, 자신이 한 말의 의미를 보다 명확히 할 수 있다.

⑤ 사실검증

앞에서 살펴 보았듯이 누군가가 발언한 내용이 무엇인지를 재 진술함으로써 사실을 검증할 수 있다. 그렇게 함으로써 의사소통과정이 잘 이루어졌는지 또한, 의사소통과정 중의 아이디어가 옳은지, 그른지를 판단하게 된다. 잘못된 정보와 진술은 학생들에게 도전감을 주지 못할 것이고, 학습효과를 높이는데 방해가 된다.

⑥ 명료화, 종합, 요약

아주 단순한 자료라 하더라도 집단 구성원들 간에 논쟁을 야기 시킬 수 있으므로, 수시로 누군가가 분명하게 정리해 둘 필요가 있다. 주제에 대한 재 진술이 있고 난 후에는 종합을 하게 된다. 명료화와 종합, 요약을 하게 되면 토의는 종결되고 다음 과제로 넘어가게 된다.

⑦ 토의 유지와 진행

토의의 유지와 진행을 위한 가장 일반적인 행동 중의 하나는 참여를 촉진하는 것이다.

⑧ 시간 관리

시간 관리는 토의학습(LTD) 방법에서 특히 중요하다. 만일 집단이 예정된 토의시간을 지키려고 한다면, 집단이 스스로 시간 관리에 숙달될 때까지 누군가는 시간을 관리해야 한다.

⑨ 평가와 진단

토의에 참여한 모든 학생들이 평가에 참여해야 한다. 토의의 마지막 단계까지 평가가 지체되더라도 모든 참여 학생들은 토의 중이나 토의가 중단될 때, 암암리에 평가를 수행해야 한다. 토의 활동 과제에 의견을 같이 하는 회의를 할 때에도 다양한 정서적 감정에 사로잡혀 토의학습 과정을 방해하거나 혼란을 초래할 수 있다.

마. 토의를 저해하는 활동

① 침묵

토의학습(LTD)에서 중요한 것은 심리적 안정감을 주고 모든 사람을 토의에 참여시키는 것이다. 따라서 침묵은 금물이다. 각자가 토의에서 아이디어를 표현할 수 없다고 할지라도, 학생들은 주의 깊게 경청하고 대화 과정에 참여해야 한다. 교사는 생산적인 토의를 위해 왜 학생들이 발언하지 않는지를 알아보아야 한다.

② 과도한 참여

어떤 경우에는 생각하는 모든 것을 말로 표현할 수 없기 때문에 침묵을 지키는 것이 오히려 편안하게 느껴질 때도 있지만, 집단을 위해 유쾌하고 생산적이며 집단에 도움이 된다면, 서슴없이 누구를 막론하고 발언할 필요가 있는 것이다. 그러나, 너무 많은 발언은 집단토의의 목적을 저해하고 토의를 엉뚱한 방향으로 몰고 갈 수도 있다.

③ 토의에의 방관적 태도

토의에 적극 참여하지 않고 관심 없이 방관하는 학생들이 있다. 이 경우에는 이러한 학생들이 발언할 때까지 기다렸다가 그들이 무엇인가를 발언하면, 그에 대해 "네가 말하고자 하는 것이 무엇이지?", 또는 "네가 의도하고 있는 것이 무엇이냐?"와 같은 질문을 던져, 그 학생으로 하여금 자신의 아이디어를 정확히 판단할 기회를 주는 것이 좋다.

④ 주제에 벗어난 토의

이따금 토의 주제와 동떨어진 주제에 대한 발언을 하는 학생들이 가끔 있다. 이러한 경우에는 토의 주제를 명확히 전달하여 토의가 본 궤도로 돌아오게 한다.

⑤ 장황한 발언

어떠한 학생은 별로 중요하지도 않은 내용을 장시간 장

황하게 늘어놓는 경우가 있다. 한 사람이 시간을 많이 차지하게 되면, 나머지 학생은 상대적으로 시간을 박탈당하게 된다. 장황한 발언보다는 짧은 시간이라 하더라도 요점만 발언하도록 지도하는 것이 좋다.

⑥ 정서가 불안한 상태에서의 발언

정서가 불안한 상태에서는 자신의 의견이나 아이디어를 정확히 발언하기가 어렵다. 이러한 학생들에게는 되도록 칭찬을 자주 해 준다든지, 다음 토의에 대한 구체적인 과제를 준비시키는 것이 좋다.

⑦ 이의만을 제기하는 발언

이 경우는 토의에 문제가 되기도 하지만, 이의를 제기하는 사람을 잘 설득하여 건설적으로 지도하면 오히려 도움이 된다.

바. 교사의 역할

토의에서 교사는 결정적인 역할을 수행한다. 토의의 질은 결국 교사의 질에 달려 있다. 교사의 역할은 자료의 선정, 토의진행, 평가에 이르기까지 걸쳐 있다. 특히 토의자료 선정은 무엇보다 우선적으로 중요하다. 자료의 질 여하에 따라서 토의의 효과가 결정되기도 한다. 따라서 자료가 불충분할 경우에 교사는 자료를 작성하든지, 논문이나 자료복사물을 준비하여 학생들이 참고할 수 있도록 도와주어야 한다. 토의에서 교사의 역할은 크게 전문자원, 집단훈련, 집단지도자 자원, 학생평가로 나누어 볼 수 있다.

① 전문자원

교사는 토의 과정에서 전문자원으로서의 역할을 담당하여야 한다. 집단 구성원들이 문제에 봉착했을 경우, 교사는 구성원 스스로 문제를 해결하도록 할 수도 있지만, 경우에 따라서는 구성원들이 배경지식이 모자라는 경우, 그리고 토의자료도 도움이 되지 않는 경우, 교사는 직접 해결책을 제시하기 보다는 문제해결에 필요한 정보를 제공해 주어야 한다. 그러나 전체 집단토의에서 교사가 집단에 정보를 제공해 주는 일은 용이하지만, 학급이 소집단 토의를 전개하는 경우에는 정보제공이 그렇게 용이하지 않다. 이 경우에 교사는 집단을 선회하면서 집단지도를 할 수도 있고, 아니면 모든 토의 집단이 봉착할 문제는 전체집단을 대상으로 사전 모임을 통하여 필요한 정보를 제공할 수도 있다. 또한 소집단 토의에서 어느 집단은 쉽게 문제를 해결하기도 하지만, 그렇지 못한 집단이 있을 수 있다. 만일 학생들이 교사의 설명을 요구한다면 이에 응해 주어야 한다.

② 집단훈련자

토의에서 흔히 간과하기 쉬운 부분이 바로 학생들에게 토의법에 익숙하도록 하기 위한 훈련과정이다. 많은 현장 교사들의 지적 가운데 하나는 학생들이 토의를 잘 해 나갈 수 없어 토의를 포기하는 경우가 많다는 것이다. 다시 말하면 학생들이 토의 절차나, 토의 기술들이 부족하여 토의가 잘 안 된다는 것이다. Hill은 토의 훈련이 중요함을 역설하면서, 그 방법으로 먼저 토의에 임하기 전에 토의학습(LTD)을 먼저 소개하고 시범을 보이거나, 아니면 토의학습(LTD)에 관한 비디오테이프를 학생들에게 보여줄 것을 권장하고 있다. 또한 토의가 진행되는 동안 교사는 각 토의가 원만히 진행되고 있는지를 관찰하고, 어려운 문제에 봉착하게 되면 필요한 제안을 해주어야 한다. 필요시에는 학생들을 관찰자로 지명하여, 그 학생으로 하여금 토의 진행 과정을 기록하게 하여, 그 결과를 전 집단에 보고하게 하며 토의 집단과정을 개선토록 한다.

③ 집단지도자 자원

집단구성원을 위한 전문자원, 집단훈련자의 역할 이외에 교사는 집단지도자를 위한 전문자원과 훈련자의 역할을 수행해야 한다. 집단지도자는 토의자료에 대한 지식과 지도능력이 갖추어져 있더라도 교사의 도움을 필요로 한다. 집단지도자들은 이따금 관련 자료를 필요로 할 수도 있다. 이 경우, 교사와의 계속적인 접촉을 통하여 관련 자료를 수집할 수 있다.

이상적으로 볼 때, 30~60여명의 학급집단이 있는 경우, 6내지 8명의 집단 지도자가 필요하다. 집단지도자 훈련을 위해서는 집단지도자들을 대상으로 토의학습(LTD)을 소개하고, 교사가 이 토의수업모형을 전개해 가면서 평가에 얼마나 시간을 소요하고 건설적 비판을 어떻게 고무하는지를 보여줄 수도 있다. 또한 모든 토의 집단과 교사주도 토의 집단이 서로 다르다는 것을 인식시켜 줄 필요가 있고, 학생주도 토의 집단과 교사주도 토의 집단이 서로 다르다는 것을 알려 줄 필요가 있다.

④ 학생평가

교사의 역할 중 하나는 학생평가이다. 토의에서의 학생평가는 주로 주관적인 성격을 띠게 마련이다. 그러나 되도록 학생들이 학생들을 평가하는 것이 좋다. 그러나 학생들이 다른 학생을 평가하기를 꺼려하는 경향이 있다. 따라서 객관적인 기준을 주고, 이 기준에 따라 다른 학생들을 평가하게 할 수도 있다.

그러나 어떠한 평가방법을 활용하든지 교사는 평가기준을 잘 이해할 필요가 있다. 또한 교사는 평가 결과에 대한 학생의 피드백을 확인하지 않으면 안 된다.

사. 교수-학습 과정안 예시

(1) 교과단원명 : 중학교 1-2 국어

(2) 수업목표 : 시에 드러난 현실상황을 이해하며 감상할 수 있다.

(3) 본시 수업안

단계	학습 내용	교수-학습 활동		자료 및 유의점	시간
		교사활동	학생활동		
도입	사전 준비	▪ 전 시간에 배운 시 다시 한 번 읽어보기 ▪ 본시 학습 목표 알려 주기 ▪ 토의 절차 알려 주기	▪ 시 읽기	▪ 좌석 배열은 수업 시작 이전에 완료	5
전개	어휘 파악 내용의 일반 진술 주제 설정 및 토의 내용의 통합 자신에 적용 자료 내용의 평가	▪ 시어의 의미 파악하기 ▪ 각자 자기 의견을 정리한 후 조별 토론을 진행해 의견을 모은다.	▪ -함박눈 : 어려운 사람들에게 희망이 되고 위로가 되는 존재 -진눈깨비 : 어려운 사람들을 더욱 우울하고 어렵게 만드는 존재 ▪ 시 내용에 비추어 함박눈과 진눈깨비와 비슷한 존재를 찾고 자신의 결심을 문장으로 만든다. ▪ 발표한 의견을 참고하여 모둠원의 토의를 거쳐 모둠 결심 문장을 완성한다. ▪ 선정된 주제에 대한 조원들의 느낌과 생각 표현 ▪ 자기가 알고 있는, 우리사회의 함박눈 같은 존재에 대해 알아보고 발표하기. ▪ 자신이 중요 인물이라면… 등의 상황을 가상하여 토의 내용에 자신의 의미와 가치를 부여해보기 ▪ 작품에 대한 평가를 나름대로 내려 보기	▪ 조별 발표를 대비하여 조원 한 사람은 토의한 내용을 요약하여 기록 서로 격려 하는 분위기 조성 ▪ 전반적으로 토의가 잘 진행되도록 유도	35
정리	토의의 평가	▪ 조별로 토의한 내용을 발표한다. ▪ 교사의 총평	▪ 발표(조별 대표는 주제를 중심으로 토의한 내용을 발표)		5

2. Shaftel & Shaftel(1967)의 역할놀이 수업모형

가. 일반적 특징

역할놀이 수업모형은 학생들에게 하나의 상황에서 다양한 경험을 체험해 보도록 한다. 그렇게 함으로써 학생들에게 자신의 가치와 의견을 보다 분명히 깨닫게 하고, 사람들이 어떻게 타인의 행동에 영향을 미치는가를 보다 잘 이해할 수 있도록 해 준다. 이 수업모형은 학생들이 다양한 역할을 해 보는 과정에서 실생활에서 일반화할 수 있는 인간의 행동에 관한 여러 개념을 학습하게 되리라는 가정에 기초를 두고 있다.

역할놀이는 학생들에게 자신이 흔히 하는 행동 유형을 중단하고 다른 사람의 행동, 배경, 감정 등을 표현하도록 하는 것이다. 그러므로 역할놀이는 주어진 환경의 자유스러운 분위기에서 이루어져야 한다. 역할놀이를 하는 동안 학생들은 개인 상호간의 문제해결에 참여하게 되고, 주어진 상황에서 왜 그러한 행동을 하는지에 대한 이해도를 높일 수 있다. 이러한 활동에 참여함으로써 얻게 되는 통찰력은 흔히 실제 일상생활에 적용할 수 있다.

역할놀이 수업모형은 Fannie Shaftel & George Shaftel (1967)부부에 의해 처음으로 개발되었다. 이들은 20년 동안 일상생활에서 성실함, 정의감, 애정 등의 민주적 이상을 실천할 수 있도록 학생들을 가르쳐 왔다. 교실에서 사용할 때 역할극은 통찰력을 길러 주는 방법이기보다는 오히려 사회성 학습을 위한 방법으로 쓰인다.

이러한 역할놀이 수업모형의 몇 가지 기본 가정을 제시하면 다음과 같다.

① 학생들은 상호간에 일어나는 여러 가지 평범한 문제를 정의하고, 직면한 문제에 대처해 나갈 수 있다.

② 학생들은 자신의 행동과 타인의 행동에 영향을 미치게 될 가치, 충동, 두려움, 외적인 영향력 등을 깨닫게 된다.

③ 학생들은 역할놀이 상황에서 얻은 통찰력을 실제 생활에 적용할 수 있다.

④ 학생들은 가상적인 상호 행동을 통하여 자신의 이상, 의견, 행동 등을 평가해 볼 수 있다.

⑤ 가상적으로 어떤 역할을 실연해 봄으로써 문제나 상황을 깊이 이해할 수 있게 된다.

⑥ 역할놀이 방법을 배움으로써 학생들은 대인관계 기술을 향상시키고 자신과 타인의 동기에 대한 이해력을 높일 수 있다.

나. 일반적 절차

역할놀이 수업은 여섯 가지 단계로 구성된다. 그러나 반드시 이 순서를 지킬 필요는 없다. 어떤 단계는 학생들과 반복하거나 복습해야 할 필요가 있을 수도 있다. 각 단계에 필요한 시간의 양은 학생들의 능력이나 흥미에 따라 달라진다. 역할놀이 수업모형의 적용 절차는 다음과 같다.

(1) 역할놀이의 상황 선정

역할놀이의 상황은 여러 가지 자료, 즉, 교실에서 일어나는 학생 상호간의 문제, 신문에 실린 최근의 관심사, 문학작품이나 역사적 상황 등에서 얻을 수 있다. 처음에는 교사가 상황을 선택하지만 나중에는 학생들도 제안할 수 있다. 상황을 설정하는데 고려해야 할 세 가지 일반적 원리가 있다.

첫째, 상황이나 문제는 가능한 한 여러 가지로 해석되고, 결말이 나고, 해결이 될 수 있어야 한다. 즉, 어떤 주제를 선택하건 학생들이 자신들의 경험이나 견해에 따라 서로 다르게 행동할 수 있는 것이어야 한다.

둘째, 어떤 상황이나 문제도 개인의 사생활에 대한 권리를 침해해서는 안 된다. 따라서 지나치게 개인적이고 학급의 특정 학생과 관련된 주제는 피해야 한다.

셋째, 상황이나 문제는 어느 정도 학생들에게 친숙한 것이어야 한다. 즉, 역할놀이의 상황은 학생들이 자신의 경험에 비추어서 실제로 역할을 할 수 있는 것이어야 한다. 따라서 때로는 역할놀이에 앞서서 사전 연구나 독서를 해야 할 경우도 있다.

(2) 역할놀이 준비

역할놀이를 처음 시작할 때 대부분의 학생들은 자신의 느낌이나 감정을 있는 그대로 표현하기보다는 선생님이 그들에게 기대하는 것이 무엇인가를 추측해서 거기에 맞도록 행동하는 경향이 있다. 그러므로 가능한 한 학생들에게 그들의 느낌을 솔직히 말해도 그들에게 아무런 피해가 없을 것이며, 그들의 솔직한 반응이 선생님이 바라는 것이라는 것을 미리 인식시킬 필요가 있다.

① 상황의 도입

학생들이 특별한 상황 속에 있기 위해서는 우선 문제가 되는 이야기와 대화에 흥미를 가지고 참여해야 하며, 역할놀이를 하게 될 상황에서 어떤 일이 벌어지고 있는가를 이해해야 한다. 교사는 학생에게 언제 화가 나고 슬펐는지 등을 기억하게 하며, 역할놀이 상황에서 일어난 일과 유사한 일이 실제로 일어났는지 말해 보게 한다. 즉 학생들이 이야기 속의 인물 이미지와 상황을 둘러싸고 있는 환경을 창조하게 한다.

② 장면의 선정

실제 역할놀이도 자연스럽게 변화시키기 위해서는 장면을 설정하는 것이 좋다. 장면 설정 시 교사는 학생들에게 배경 설명을 해 주어야 하며, 학생들의 사전 계획 수

립 시 도와주어야 한다. 그러나 실질적인 대화를 준비해서는 안 된다. 교사는 역할자들의 생각을 명료하게 해주어야 하고, 소품은 너무 신경을 쓰지 않아도 좋으며 간단한 것을 이용하면 된다.

(3) 역할놀이 실연자 선정

역할놀이 참가자를 선정할 때 교사는 관련 인물과 동일한 말을 하거나 수행한 역할에 비슷한 모습을 가지고 있는 학생들을 선정하도록 한다. 처음 시행할 때는 지나치게 성인 지향적이거나 사회적으로 용납될 수 있는 해결을 내리는 학생은 피하는 것이 좋다. 학생들에게 역할을 맡길 때 교사는 "엄격한" 아버지, "짓궂은" 형과 같이 학생들의 일상생활에서 흔히 볼 수 있는 일정한 형태의 역할을 지시할 수도 있다. 때로는 역할놀이를 싫어하는 학생을 선정하여 참여하도록 하는데, 결코 강요해서는 안 된다. 그러한 학생에게 교사는 용기를 주어 참여하도록 격려할 수 있지만, 결국 선택은 학생 스스로 하는 것이다.

(4) 청중의 준비

역할자가 정해지고 역할놀이가 시작되기 전에 교사는 나머지 학생들이 능동적인 관람자가 되도록 교육을 시켜야 한다. 결국 역할놀이에 참가하는 학생과 청중 모두가 역할놀이의 경험으로부터 함께 배워야 하기 때문이다. 만약 관람 학생들이 준비가 되어 있지 않으면, 남의 결점만 지적하거나 부주의하고 딴 생각을 하게 되어 결국 무엇이 어떻게 되는지 알 수 없게 된다. 교사는 학생들을 주의 깊고, 예의바르고, 반응적이며, 방심하지 않는 관객이 되도록 가르쳐야 한다.

첫째, 보고 들은 것을 기억하여 정확히 진술할 수 있으며,

둘째, 보고 들은 것을 해석하고,

셋째, 자신이 설정한 준거에 따라서 검토하고 평가할 수 있어야 한다.

(5) 역할놀이의 실연

학생들은 역할을 수행하는데 있어서 서로 자연스럽게 행동하고 실제 상황에서 사람들이 행동하는 것과 같은 방법으로 행동하여 역할놀이의 상황을 생생하게 하도록 해야 한다. 역할놀이의 초점은 역할 수행의 질이 아니라 역할을 통해 제시하고자 하는 아이디어이다. 따라서 교사는 학생들에게 능숙한 역할 수행을 기대하지 말고, 도중에 자연스럽고 어색한 점이 있을 수 있다는 점을 이해시켜 주어야 한다. 역할놀이 도중 문제가 발생하면, 그 문제를 최소로 줄일 수 있도록 문제에 대한 조치가 적절하게 이루어질 수 있도록 노력해야 한다.

역할놀이 수업의 시행에서 때때로 일어날 수 있는 여러 가지 문제를 최소한으로 줄일 수 있는 몇 가지 제안을 하면 다음과 같다.

첫째, 만약 역할을 맡은 학생이 지나치게 조바심을 내

거나 당황해 함으로써 학생들의 웃음거리가 된다면, 놀이를 중단하여 간단히 문제에 대해 토의를 한 후, 학생들에게 놀이의 목적과 내용에 주의를 환기시킨다.

둘째, 학생들이 서로 자신의 역할에만 몰두해서 상대방의 의견을 제시할 수 있는 기회를 방해하는 일이 잦아지면, 잠시 그 학생을 멈추게 하고 상대방의 의견을 듣고 자기 차례가 왔을 때 의사를 표현하도록 지시한다.

셋째, 역할을 연기하던 학생이 맡은 역할을 잊어버리거나 그 인물이 처한 상황이나 시간, 장소 등에서 벗어나 동떨어진 연기를 하면 잠시 놀이를 중단시키고, 원래 주어진 상황과 인물의 배경, 느낌 등을 상기시킨다.

넷째, 관람하는 학생 중에서 연기하고 있는 학생에게 이렇게 해야 한다, 저렇게 해야 한다 등의 지시를 하는 학생이 발견되면, 그 학생에게 놀이가 끝난 후에 의견을 제시할 시간을 줄 것을 약속하고, 방해하는 행동을 제지하는 것이 좋다.

다섯째, 역할을 하던 학생이 터무니없이 어리석은 행동을 하면 즉시 중단시키고, 그 학생이 정말 그런 상황에서 그런 행동을 할 것인지 질문하여 역할놀이가 제대로 진행될 수 있도록 한다.

여섯째, 아무리 노력을 했음에도 불구하고 연기가 적합하지 못하고 산발적으로 진행되면, 역할을 맡은 학생들에게 수고했다고 말하고 연기를 중지시킨다.

일곱째, 학급 전체가 지나치게 산만해지고 떠들썩해지면

놀이를 끝내고, 왜 학급의 행동이 무질서해졌는지에 대한 이유에 대해서 토론해 본다. 이때 학생들에게 역할놀이를 잘 하도록 하는 요소가 무엇인가에 대해서 제시해 보도록 한다.

여덟째, 학생들이 더 이상 의견이나 느낌을 제시할 수 없는 막다른 상태에서 도움을 필요로 하거나, 지나치게 감정적으로 자신의 하는 역할에 몰두되어 버린 경우에는 다른 학생들로 하여금 역할을 바꾸어 보도록 한다.

아홉째, 학생들이 지루해 하거나 산만해지면 놀이를 짧게 끝내도록 한다.

열째, 연기하는 학생들이 역할놀이의 구체적인 점에 대해 혼란을 느끼거나 주어진 인물의 성격에 대해 모호성을 느끼는 경우에 다시 시행해 보도록 한다.

(6) 역할놀이 실연에 대한 토론과 평가 및 재연

일단 한 차례 역할놀이가 끝나면 토론을 하고 거기에서 얻은 통찰력을 다음 역할놀이에 활용하게끔 한다. 토론의 과정을 통해서 역할 수행자도 관람 학생과 마찬가지로 많은 것을 배우게 되어 동료에 의한 바람직한 행동이 강화되고 학습될 수 있다. 따라서 교사는 관찰자와 역할 수행자가 함께 생각하도록 토론을 유도해야 한다. 재연할 때에는 새로운 아이디어가 시도되고, 새로운 역할자에 의해 상황이 재해석되며, 첫 번째 주어졌던 것과는 다른 각도에서 수행할 수 있도록 학생에게 역할 기회를 주어야 하며, 재연이라고 되는대로 수행해서는 안 된다.

다. 적용 범위

역할놀이는 다음과 같은 영역에서 유용하게 이용될 수 있다.

(1) 수업목표

역할놀이는 학생들로 하여금 감정, 태도, 가치, 문제해결 전략 등을 포함하는 인간관계의 문제들과 관련된 학습목표를 달성하는 데 유용한 수업모형이다.

(2) 교과 및 학년

역할놀이 수업모형은 개인의 발달과 사회적 상호작용을 중시하므로 사회와 문학에 적합하다. 자신의 가치나 태도를 표현하기 위해서는 초등학교 3학년 이상의 아동이 적당할 것이다. 3-6학년의 아동들에게는 도덕, 국어, 사회 교과에서 응용하여 이용할 수 있다.

(3) 학습 과제

역할놀이는 주로 사회적 문제를 탐구하는데 활용할 수 있다. 역할놀이를 활용할 수 있는 사회적 문제는 다음과 같다.

① 개인 간의 갈등 : 역할놀이는 학생들이 개인 간의 갈등을 해결할 수 있는 기술을 발견할 수 있도록 개인들 간의 갈등을 드러내 보여 준다.

② 집단 간의 관계 : 역할놀이는 고정관념과 편견을 밝으

로 드러내기 위해 사용될 수도 있고, 상식에서 벗어난 것들을 수용하도록 고무하기 위해 사용될 수도 있다.

③ 개인적 딜레마 : 역할놀이는 학생들이 두 가지 대조되는 가치에 직면했을 때, 또는 자신의 관심과 다른 사람의 관심 간에 혼란이 있을 때 그 딜레마를 처리하도록 돕는다.

④ 역사적 문제 혹은 당면 문제 : 역할놀이는 정책결정자, 재판관, 정치가들이 직면했거나 직면하고 있는 중요한 문제나 상황에 대한 의사결정을 이해하는데 도움을 준다.

라. 교수-학습 과정안 예시

(1) 교과단원명 : 중학교 1-1 국어 -홍길동전-

(2) 수업목표

① 홍길동전의 주제를 비판적으로 평가, 발표할 수 있다.

② 인물의 성격을 내면화하여 조리 있게 표현할 수 있다.

(3) 본시 수업안

단계	학습 내용	교수-학습 활동		자료 및 유의점	시간
		교사활동	학생활동		
도입	역할놀이 상황설정	▪ 전 시간에 배운 '홍길동전'의 배경, 주제, 줄거리를 알고 있는가? ▪ 부당함에 대한 대응으로 '길동'과 비슷한 행동을 했던 경험 발표하기	▪ 배경: 조선 세종 때 ▪ 주제: 적서 차별 철폐 및 이상 정치 실현 ▪ 자신의 경험이나 주변에서 보거나 들었던 이야기를 자유롭게 발표하기		10

단계	학습 내용		교수-학습 활동		자료 및 유의점	시간
			교사활동	학생활동		
전개	역할 놀이 준비	상황 도입	• 정당성과 부당성에 대한 다양한 의견을 평가한다. • 길동의 행적을 공정하게 판단하기 위한 활동에는 무엇이 있겠는가?	• 의견 발표 • 토론회, 청문회, 모의재판 등 다양한 의견 내기	• 허용적인 분위기 형성하기	30
		장면 선정	• 역할 놀이 장면 설정	• 재판 형식에 따라 길동의 죄목을 정하여 장면 설정하기 • 피해자 설정하기-길동이 피해자인지 가해자인지 명확히 설정하기	• 학생들 사이에서 찬반의견이 명백히 나뉘어지는 장면 설정	
	역할놀이 실연자 설정		• 모의 재판에 등장할 인물은 누구인가? • 검사 측과 변호사 측의 핵심 내용은 무엇인가? • 증인(참고인)은 누구로 할 것인가? • 등장 인물은 누가 맡을 것인가?	• 재판장, 검사, 변호사, 길동, 춘섬, 초란, 홍판서, 일반백성 • 모둠별로 토의하여 검사, 변호사 측으로 의견을 정리한다. • 등장 인물의 배역을 정한다. 나머지 학생은 배심원으로 설정한다.	• 등장 인물의 수만큼 모둠을 나누어 토의에 임하도록 한다. • 자발적 참여가 이루어지도록 한다.	
	청중의 준비		• 모의재판 과정을 보면서 타당한 주장과 그에 따른 근거를 기록하여 배심원의 역할을 충실히 하게 한다.	• 주장과 의견을 듣고 판단할 준비를 한다. • 역할자의 행동, 모습을 평가하고, 논리적 비약, 모순이 있었는지 기록하여 발표할 수 있도록 준비한다.		
정리	단계 정리		• 모둠별 토의 사항을 정리하게 하고 실연자에게 다음 시간 준비를 예고한다. • 다음 시간 학습 내용을 예시한다.	• 실연자의 행동, 모습 등을 정리하고 발표할 요지를 준비한다.		5

역할놀이 수업모형은 도덕, 국어, 사회 같은 교과에 적용될 수 있으며 개인적 가치와 행동을 분석하고 대인관계 문제를 해결하기 위한 전략을 개발하고 타인에 대한 감정이입을 돕는 데 효과적이다.

3. Johnson & Johnson(1975)의 협동학습 수업모형

가. 일반적 특징

협동학습 수업모형은 절차가 구체적이고 정형화되어 있을 뿐만 아니라 개념적이기 때문에 학교 현장에서 널리 활용되고 있다. 교사들은 다양한 협동학습 수업모형 가운데 자신의 교육철학에 부합하는 모형을 학교 현장에서 활용하는 경향이 있다. 협동학습 수업모형은 1970년대 초반부터 1980년대 후반 학자들에 의해서 연구가 활발하게 이루어졌다. 협동학습 수업모형에는 성취과제 분담학습(STAD), 집단 간 경쟁 학습(TGT), 팀보조 개별학습(TAI), 읽기와 쓰기 통합 학습(CIRC), 집단탐구(GI), 직소(Jigsaw), 함께 학습하기(LT), 논쟁 수업모형(AC), 협동을 위한 협동학습 모형(Coop), 구조중심 협동학습 모형(SA), 복합교수(CI) 등 매우 다양하다.

이 가운데 Johnson, D. & Johnson, R.(1975) 형제에 의하여 미국 미네소타 대학에서 개발된 "협동학습(Learning Together)"에 대한 내용을 중심으로 간단히 요약하면 다음과 같다.

(1) 집단구성

집단의 적절한 크기는 과제성취의 바람직한 과정과 결과, 학생들의 연령, 협동학습 경험, 과제의 해결가능성, 학급의 학생 수 등에 따라 달라진다. 일반적으로 집단구성은 6~10명의 소집단이 적당하다. 이 협동집단은 모든 구성원이 토론에 적극적으로 참여할 수 있으며 의견이나 정보교환도 빈번히 이루어진다. 집단구성은 남·녀, 능동적·수동적인 학생, 지도자와 추종자, 열성적인 학생과 나태한 학생 등 이질집단으로 구성하는 것이 좋다.

학생들은 협동적 행위에 대해서 보상을 받음으로써 협동이 격려되고 조장된다. 협동행위의 예로는 의견이나 정보교환, 과제에 대한 질의·응답, 다른 구성원을 격려하는 말이나 행동, 다른 구성원의 이해 정도를 확인하는 일 등이다.

집단구성원 모두가 이러한 행위를 대체로 만족스럽게 수행하면, 교사는 그 집단 구성원들에게 보너스 점수를 줄 수도 있다.

(2) 동료 간 협동관계 형성기술

협동은 우리 모두와 각자의 생존을 위해서 사회적으로 생리학적으로 인간에게 필요불가결한 요소이다. 그러므로 학교의 가장 중요한 장기목표 중의 하나는, 학생들에게 다른 사람과 안정되고 협동적인 관계를 형성하고 유지하는 데 필요한 기술과 태도를 길러주는 것이다. 기본적인 발달과 사회화는 동료와의 관계를 통해 일어난다. 성인과의 상호작용에 비하면 동료와의 상호작용은 청소년기를 통해서 아주 빈번하고 강렬하고 다양한 경향이 있다. 이런 점에서 볼 때, 동료 간의 관계를 증진시키는 것은 대단히 중요하다. 이러한 동료 간의 관계형성은 직접적인 관찰을 통해서 단계를 설정하여 발달시키는 것이 효과적이다. 동료 간의 관계형성의 단계는 다음과 같다.

① 학생들에게 사회성 기술에 대한 필요성을 인식시킨다.
② 사회성 기술이 무엇인가에 대한 분명한 이해를 갖도록 돕는다.
③ 실제의 상황을 설정한다.
④ 사회성 기술의 성과에 대하여 분명하게 인식시킨다.
⑤ 사회성 기술에 대한 학습 과정의 절차를 설정한다.
⑥ 차후의 협동학습 실행을 위한 목표를 세우는 방법을 설정한다.
⑦ 사회성 기술이 무의식적으로 발휘될 수 있을 때까지 성공적인 학습 상황을 계속해서 설정한다.

(3) 협동기술

협동은 인간 상호작용의 매우 중요하고 기본적인 형태이며, 성공적인 협동기술은 모든 사람이 숙달할 필요가 있는 중요한 기능이다. 이러한 협동에 있어서 특히 중요한 기능들은 의사소통 기능, 신뢰를 형성하고 유지하는 기능, 그리고 논쟁기술 등이다.

① 의사소통 기술

의사소통은 협동에 일차적으로 요구되는 활동이다. 만일 사람들이 서로 의사소통을 할 수 없다면, 협동은 불가능하다. 의사소통에 대하여 사람들 간에 이견(異見)이 있지만, 의사소통이란 모든 사람과 관련된 똑같은 개념적 경험을 적절히 나타내 주는 상징들을 통해서 사고와 감정을 교환, 또는 공유하는 것이라 할 수 있다.

의사소통은 수신과 송신으로 나누어 볼 수 있다. 모든 학생들은 정확히 자기의 생각, 신념, 의견, 반응, 관심, 목표, 흥미, 자원, 그리고 그 밖의 많은 것들을 나타내는 메시지(message)를 전달하고 받아들이는 '송신 기능'과 '수신 기능'을 통해서 상호간의 목표를 명확히 할 수 있고, 목표를 어떻게 달성해 나갈 것인가를 계획할 수 있고, 서로 적절한 정보와 시설을 제공할 수 있고, 함께 추리할 수 있으며, 그들의 행동을 조정할 수 있고, 자원을 공유할 수 있으며, 서로 돕고 조력할 수 있으며, 서로의 창의성을 고무시킬 수도 있다.

Johnson(1973)은 송신과 수신 기능에 대해 다음과 같이 제시하고 있다.

ⓐ 자신의 생각과 감정을 분명하고 명확하게 전하라.

ⓑ 수신자가 메시지를 이해하는데 필요한 모든 정보를 분명하게 진술하라.

ⓒ 언어적인 메시지와 비언어적인 메시지를 일치시켜라.

ⓓ 여러분의 메시지가 어떻게 수용되었는지에 관하여

피드백을 요구하라.

ⓔ 송화자(送話者)가 전달하려는 메시지의 내용과 감정을 예리하게, 그러나 비평가적인 말로 바꾸어 설명하라.

ⓕ 자신이 지각하고 있는 송화자(送話者)의 감정을 묘사하라.

ⓖ 송화자(送話者)의 메시지에 대하여 자신이 내린 판단을 조명하고, 메시지의 의미에 대하여 동의가 이루어질 때까지 송화자(送話者)와 협의하라.

② **신뢰 풍토의 조성과 점검**(Building and Monitoring a Trusting Climate)

신뢰는 견고한 협동과 효율적인 의사소통에 필수조건으로 신뢰 수준이 높을수록 학생들은 더욱 공공연하게 자기의 사고, 감정, 반응, 의견, 정보, 생각을 표현할 것이다. 학생들은 그들이 매우 신뢰할만한 사람과 상대하고 있다고 믿을 때, 더욱 정직하고 더욱 빈번하게 그들의 협동 의지를 표명하고 노력할 것이다.

협동은 모든 사람이 자원을 공유하고, 도움을 주고받으며, 작업을 분담하고, 상호간의 목표 달성에 기여하고, 모든 사람들이 집단의 발전에 기여하고 있으며, 개인적인 목표보다는 집단을 위해 개방적이고 자원을 활용하고 있다고 믿을 때 발생한다. 학생들의 협동은 개방성과 공유를 필요로 하는데, 이것들은 수용, 지원, 협동 의지에 의해 결정된다.

개방성이란 집단이 추구하는 문제에 대하여 정보, 아이디어, 생각, 감정, 반응을 공유하는 것이다. 공유란 집단의 목표성취를 돕기 위하여 다른 사람에게 자기의 자료나 자원을 제공하는 것이다. 수용이란 다른 사람에 대하여, 그리고 그의 공헌과 행동에 대하여 높은 호감을 보이는 의사소통이다. 지지(支持)란 협동적으로 행동하려 들고, 그 밖의 모든 사람들도 그렇게 행동하려 할 것이라고 기대하는 것이다.

이러한 용어들의 정의를 통해서 신뢰하는 행동이란 개방성과 공유로 정의할 수 있고, 신뢰로운 행동이란 수용, 지지, 협동 의지를 나타내는 것으로 정의할 수 있다. 어떤 학생의 신뢰로운 행동을 사정할 때, 그가 다른 집단 구성원의 공헌을 수용하고 지지한다고 해서 집단 구성원들이 말하는 모든 것에 동의할 것이라는 것을 의미하지는 않는다는 점을 기억하는 것이 중요하다. 어떤 사람은 한편으로는 동시에 다른 생각과 반대 견해를 말하면서도 다른 사람에 대한 개방성과 공유를 수용하고 지지한다고 표현할 수도 있다. 이 점에 신뢰를 쌓고 유지시키는 것이 중요한 점이다.

(4) 교사의 역할

협동 활동을 하는 동안 학생들이 서로 신뢰를 쌓도록 하기 위한 교사의 역할은 다음과 같다.

① 학생들에게 그들의 정보, 아이디어, 사고, 감정, 직관, 육감, 반응을 공개적으로 집단 토의나 활동에 제공하도록 격려한다.

② 학생들에게 자료나 자원을 공유하도록 격려한다.

③ 학생들이 수용, 지지, 그리고 협동기능을 길러준다.

④ 학생들에게 협동의지, 수용, 그리고 협동적인 상호작용을 하는 동안 서로 지원하도록 격려한다.

⑤ 거절과 비지원적인 행동, 예를 들면 침묵, 조롱, 아이디어에 대한 피상적인 승인과 같은 행동은 앞으로의 협동을 저해시킨다는 점을 지적해 준다.

⑥ 주기적으로 협동집단에게 신뢰하는 행동과 신뢰로운 행동에 관한 질문지에 답하게 하고, 그들의 협동이 앞으로 어떻게 개선될 수 있을 것인가를 알아보도록 하기 위해서 그 결과를 토의해 보도록 한다.

(5) 또래학습지도

교사가 개개 학생을 가르치도록 되어 있는 대부분의 전통적인 학급에서는 엄격한 경쟁적, 개별적 목표 구조를 통하여 학습해 나간다. 그러나 학생들은 어른들보다는 그들의 동료로부터 더욱 잘 배울 수 있으며, 학생들끼리 다른 학생을 가르침으로써 많은 성취를 얻을 수 있다.

많은 학생들은 그들이 동료 학생들로부터 배울 기회를 가지게 되면 더욱 학습참여 비율이 높아진다. 학생끼리 서로 가르칠 때, 의사소통이 더욱 촉진되고 동료집단의 격려에 의해 학습 동기는 더욱 강화된다. 비록 어떤 어린이들은 처음에는 교사의 역할이 서툴겠지만, 교수에 대한 실천 기회와 강화가 주어지면, 대부분의 어린이들은 교사로서의 역할을 훌륭히 해낼 수가 있다.

나. 일반적 절차

Johnson & Johnson의 협동학습 수업모형이 제시하는 수업절차는 다음과 같다.

① 학급을 5~6명 정도의 몇 개의 이질집단으로 구성한다.

② 좌석은 학생들이 서로 마주 보도록 책상을 배열하여 상호작용이 용이하도록 한다.

③ 학습 과제는 집단별로 제시되어 구성원 모두에게 공유되며, 공동의 목표로 해결하도록 한다.

④ 학습 과제는 사전에 제시되어 집단 구성원들의 협의 하에 하위 주제를 분담하여 충분히 학습해 온다.

⑤ 협동학습 시간에 집단 내 구성원끼리 협의와 동료간의 개인 지도를 통해 각자 보고서를 작성한다.

⑥ 집단별로 하나의 완성된 과제를 제출하도록 하고, 집단적으로 보상을 준다.

⑦ 교사는 집단 구성원들의 상호협동이 잘 이루어지도

록 인간관계 개선에 노력한다.

⑧ 단원학습이 끝나면 평가를 실시하고 집단의 평균 점수로 평점한다.

⑨ 협동학습이 끝난 후, 토론을 통하여 집단 활동 과정을 평가하고 개인의 책임의식을 촉구한다.

다. 교수 – 학습 과정안 예시

(1) 교과단원명 : 초등학교 5학년 사회

1. 우리나라의 경제 성장 -금융기관

(2) 수업목표 : 은행의 역할과 특징에 대해 이해할 수 있다.

(3) 본시 수업안

단계	학습 내용	교수–학습 활동		자료 및 유의점	시간
		교사활동	학생활동		
도입	선수 학습 확인	▪ 지난 시간에 공부한 금융과 금융기관의 종류에 대해 정리해 봅시다. 1. 금융의 뜻은? 2. 금융기관의 뜻은? 3. 금융기관의 종류는? 4. 은행이 하는 일은? 5. 협동조합에는 어떤 것들이 있나? 6. 보험회사의 종류에는 어떤 것들이 있나?	▪ 지명을 받은 조의 조장은 발표자를 정해 준다. 돈을 융통해 주는 일 금융을 영업으로 하는 기관 각종은행, 여러 가지 협동 조합, 증권회사 및 보험회사 돈을 융통해 주는 일 농협, 축협, 수협, 중소기업협동조합 생명보험, 교육보험, 자동차보험, 손해보험 등	▪ 교사는 발표 내용이 불충분하면, 다른 조를 재지명하여 보충 발표 시킨다. ▪ 발표자는 집단과정 활동안을 참고하여 발표한다.	5

단계	학습 내용	교수－학습 활동		자료 및 유의점	시간
		교사활동	학생활동		
전개	집단별 협의 활동	▪ 지금부터 여러분이 조사 해 온 과제 내용을 조별로 협의하여 정리 하여 봅시다.	▪ A조의 집단 과정 활동안 1. 일반은행의 기능: 예금대부, 송금등 국민의 경제생활 편의 도모 2. 특수은행 1) 한국은행: 은행의 은행, 화폐발행 2) 산업은행: 산업자금대부, 산업금융채권 발행. 3) 중소기업은행: 중소 기업의 보호 육성, 자금융자 4) 국민은행: 서민대중의 생활자금융자 5) 외환은행: 외화환전, 외국과의 돈 거래 6) 주택은행: 주택자금의 융자, 주택채권, 복권발행 3. 보험회사: 불의의 사고(사망, 상해, 재해, 화재)에 대비, 경제회복의 보장 4. 협동조합: 조합원의 권익보호, 국민으로부터 자금을 받아 농업, 축산업, 수산업, 중소기업가들에게 사업자금 대부	▪ 교사는 조별 활동 기간 동안 집단 활동 과정을 조력하고 평가한다. ▪ 학생들은 조장의 지시에 따라 공동으로 과제를 협의, 보충한다. ▪ 조별로 집단 활동 과정안을 작성한다. ▪ 조별로 발표 연습을 한다. ▪ 예상되는 형성평가 문항에 대한 문답을 한다.	30

단계	학습 내용	교수-학습 활동		자료 및 유의점	시간
		교사활동	학생활동		
전개	집단별 협의 활동		5. 증권회사: 주식의 매매알선을 통해 기업의 자금조달 6. 그 밖의 금융기관: 새마을 금고, 상호신용금고		
정리	교사의 피드백 판서 및 평가 차시 과제 제시	▪ 이제 조별 협의가 끝났으면 협의 내용을 발표해 봅시다. 1. 일반은행에서 하는 일은 무엇입니까? 2. 그 밖의 금융기관에는 어떤 것들이 있나요? ▪ 필요시, 시간을 고려하여 핵심 내용을 판서하고 형성평가를 실시함 집단 활동 과정안 평가 ▪ 은행의 예금, 대부, 송금, 그 밖의 업무 내용을 조사해 오기	▪ 교사의 지명에 따라 조별로 하위 주제 내용을 발표한다. 예금, 대부, 송금 새마을 금고, 우체국, 상호신용금고 ▪ 필요한 내용을 보충정리하고, 평가문항을 풀이한다. 집단 활동 과정안 제출 ▪ 과제장에 정리과제 분담 참고자료 협의	▪ 교사는 발표조를, 조장은 발표자를 지명한다. ▪ 발표자는 집단활동 과정안을 참고하여 발표한다. ▪ 교사는 발표 내용이 충분치 못했을 때 다른 조에게 보충 발표케 하고 필요에 따라 교사의 의견을 첨가해 나간다. ▪ 집단 활동 과정안과 형성평가는 집단의 평균점수로 평점한다. ▪ 이용 가능한 자료와 자원인사 소개	5

Ⅴ. 정의적 모형

5절 정의적 모형에서는 Knowles의 자기주도적학습 수업모형과 Glasser의 학급회의 수업모형을 설명하고자 한다. 정의적 모형으로 대표되는 이 두 모형은 자아존중, 자기이해는 물론 다른 학습자 입장을 고려하며 존중하는 것 등, 학습자들이 직접적으로 욕구를 충족할 수 있는 경험을 할 수 있는 핵심적인 부분을 제공해 준다고 볼 수 있다.

1. Knowles(1980)의 자기주도적학습 수업모형

가. 일반적 특징

자기주도적학습이 갖고 있는 중요한 특징 중 하나는 수업의 개별화이다. 즉 모든 학생이 똑같은 속도로 학습할 수 없다는 것이 관심거리가 된다. 물론 이론적으로 볼 때 교육은 수업의 개별화와 개인의 권리를 강조하지만 실제에 있어서는 그렇지 못한 면이 없지 않다. 수업의 개별화는 개별학습의 독특한 요구, 흥미, 재능 등을 강조한 것이다.

자기주도적학습 수업모형의 교수-학습단계도 일반 수업모형의 교수-학습단계와 차이가 없다. 수업단계는 수업목적 및 목표의 설정, 출발점 행동의 진단, 수업절차, 성취행동의 평가로 이루어진다. 단 일반 수업모형과 다른 점은 각 수업단계마다 자기주도적 학습 수준을 설정해 놓은 것이다.

일반적으로 학교 수업은 교사의 지시 통제를 받는다. 교사들은 교사자신이 수업목표, 수업내용을 결정하고, 학생들의 능력수준을 진단하고, 내용을 제시하고, 평가를 실시한다. 그러나 자기주도적 학습 수업모형에서는 각 수업단계마다 교사의 지시 통제가 제한된다. 예를 든다면 수업목표를 결정할 때 교사 지시수업모형에서는 교사 자신이 수업목표를 결정하나, 자기주도적 학습 수업모형에서는 우선 교사는 학생에게 수업목표 설정을 위한 선택의 자유를 주고, 그 다음 수업목표 달성에 직접 참여케 하고 이어 수업목표를 스스로 선택하게 한다. 교사는 단지 목표설정에 필요한 자원으로서 자료나 조언만을 제공할 따름이며, 학습자 스스로 수업목표를 설정하게 된다.

이러한 특징을 지닌 자기주도적학습 수업모형을 Treffinger는 자기주도능력에 따라 다음의 네 가지로 나누고 있다.

첫째, 교사지시수준은 교사 자신이 수업 지시자의 역할을 수행하고, 학생은 수동자의 역할을 수행한다. 교사자신이 수업목표를 설정하고, 진단검사를 실시하고, 검사결과에 따른 적절한 조치를 취한다. 교사자신이 교과내용을 가르치고, 학습활동을 시키고, 평가도 교사가 주관한다. 한편, 학습자는 교사가 정해놓은 목표와 내용에 따라 학습을 진행해 나간다. 또한 학습자는 교사가 선정한 진단검사나 총괄검사를 받게 된다. 다시 말하면 학습자는 교사의 지시에 따라 학습해 나갈 뿐이다.

둘째, 제 1수준은 교사지시수준과는 조금 다르다. 교사는 수업 지시자가 아닌 학습제공자이고, 학습자는 선택자가 된다. 교사는 대안적인 수업목적을 설정하고, 학습문제를 진단하며, 선택적인 학습과제를 제공한다. 또한 학생들이 독자적으로 학습할 수 있는 학습활동을 제공한다. 평가는 수업목표에 따라 실시되지만, 학생들에게 평가에 대해 의견을 제시할 기회를 준다. 한편, 학습자들은 교사가 설정해 놓은 목표가운데 자기에게 적합한 목표를 선택하고, 대안적 학습과제 가운데 자신에 적합한 학습과제를 선택한다. 학습활동 역시 자신이 선택하여 자신의 페이스에 따라 학습활동을 전개해 나간다. 평가절차에 대하여는 교사와 함께 토론한다.

셋째, 제 2수준에서는 교사와 학생 모두 학습내용, 학습활동의 개발자로서의 역할을 수행한다. 교사는 대안적 목표설정에 학생들을 참여시키고, 학습자 각자와 상의하여 관심 학습영역을 설정하며, 교사가 개별적으로 진단검사한다. 교사는 학습자원을 제공하고, 학습계약을 도와주며, 학습활동의 범위, 학습속도를 결정하는데 학습자를 주체로 하며, 평가자원으로는 교사, 학습자, 동료 학습자를 활용한다. 한편, 학습자는 교사의 수업목표 설정을 도와주고 교사와 더불어 관심 있는 학습영역을 설정하며, 자신의 강·약점을 교사와 상의한다. 진단검사는 교사의 지시에 따라 치러지며, 학습활동이나 학습계약은 교사와

상의하여 결정하고, 교사를 도와 평가방법과 기준을 설정하며, 평가회의에 참여하고, 평가결과에 따라 다음 과제를 제안한다.

넷째, 제 3수준은 자기주도적 수업의 마지막 단계로서 교사는 학습자의 자원, 조언자, 촉진자로서 역할을 수행하고, 학습자는 학습의 주도자, 진단자, 평가자로서의 역할을 수행한다. 교사는 학습자 스스로 수업목표를 설정하도록 도우며, 관련 자료나 자원을 제공해 준다. 진단평가 시에는 교사는 학습자 스스로 학습능력을 평가하도록 도와주며, 학생과 상의하여 학습활동 개발을 돕는다. 한편 학습활동, 학습속도 등을 스스로 결정한다. 평가 기준이나 방법 역시 학습 스스로 결정하고, 평가 결과는 다음 학습과제를 계획할 때 활용한다.

나. 일반적 절차

자기주도학습은 학습자가 학습과제 선정, 학습계획, 실행 및 평가 등의 모든 과정을 스스로 책임져야 한다. 따라서 자기주도학습은 교사의 적극적인 협조와 함께, 학습자원이 절대적으로 필요하다. 교사는 정보전달자, 가르치는 사람의 개념이 아니라 탐구의 과정을 도와주는 학습촉진자의 역할을 담당하게 된다. 자기주도학습이 전개되는 구체적인 절차는 [그림 3]에서 제시된 Knowles(2003)의 모형을 통하여 살펴볼 수 있다.

[그림 3] Knowles(2003)의 자기주도학습 모형

① 학습요구 진단 및 학습과제 선정

학습자는 다양한 이유를 가지고 학습활동에 참여하고, 교사는 학습자의 요구에 따라서 학습자가 원하는 학습과제를 찾고 접근해 가는 과정을 관찰하는 것이 필요하다. 이전에 유사한 학습과정에서 평가는 교육적 요구와 새로운 학습과제에 대한 아이디어를 얻는데 유용하다.

② 학습목표 설정

학습자의 요구분석을 통하여 학습과제에 따른 학습목표가 설정되어야 하며, 학습목표는 학습의 실행 결과 학습자가 보여 줄 수 있는 행동을 구체적으로 행위동사를 사용하여 명시적으로 기술한 것이다.

③ 학습을 위한 인적·물적 자원 파악

학습과제를 계획하고 실행에 필요한 유용한 자원의 확보는 학습에서 필수요소이다. 학습자는 자신에게 친숙한 경험일수록 잘 이해하며, 이것에 기초한 학습과제는 효율성을 높일 수 있다. 따라서 인터넷도 중요한 학습자원이 될 수 있다.

④ 적절한 학습 전략 선정 및 실행

학습자는 스스로 구체적인 학습 전략을 세우고 그것에 따라서 자신의 학습을 실행한다. 따라서 교사는 학습자가 세운 학습전략을 스스로 기술해 보게 하며, 계획된 전략을 연습할 수 있는 비슷한 다른 과제를 준비해 주며, 학습내용을 조직화하기 위한 효과적인 절차를 알려주어 도움을 준다.

⑤ 학습결과 평가

학습결과에 대한 학습자의 자기 평가가 중시된다. 따라서 학습결과의 평가에서 양적 · 질적 평가가 동시에 이루어져야 한다.

다. 교수－학습 과정안 예시

(1) 교과단원명 : 초등학교 5학년 수학
5. 분수의 덧셈과 뺄셈

(2) 수업목표

① 분모가 다른 진분수의 덧셈에서 공통분모를 구할 수 있다.

② 받아올림이 없는 분모가 다른 진분수의 덧셈에서 계산 원리를 이해할 수 있다.

③ 분모가 다른 진분수의 덧셈을 이용하여 문장으로 된 문제를 해결할 수 있다.

(3) 본시 수업안

단계	학습 내용	교수-학습 활동		자료 및 유의점	시간
		교사활동	학생활동		
도입	문제인식 및 문제파악	▪ 학습분위기 조성 ▪ 예습적 과제검토 ▪ 공부할 문제 설정	▪ 학습동기 유발 -분모가 다른 진분수의 덧셈에 대해 공부합니다. ▪ 과제 제출	▪ 개별화 -<생활에서 알아보기> 이용 -학습문제 확인	5
전개	문제추구	▪ 문제본질 추구 ▪ 본 학습 내용으로 구성한 평가지로 평가한다. ▪ 평가 후 스스로 채점하도록 한다. ▪ 교사는 채점결과를 확인한다. ▪ 문제해결 방법 구상	▪ 교과서의 문제를 푼다. -교과서에 제시된 보기 문제를 풀어보고 관련된 문제를 스스로 풀어본다. -정답지를 보고 채점한다. ▪ 분모가 다른 진분수의 덧셈을 어떻게 해결할 수 있는지 구상한다.	▪ 개별화	30
	문제해결	▪ 학생 중심의 다양한 활동 유도 -아동스스로 능력에 맞는 목표를 설정하고 학습 계획을 세우고 문제를 해결하도록 지도한다. ▪ 개인→소집단→전체학습 유도	▪ 개별화 수업의 다양한 형태 경험 ▪ 개인→소집단→전체학습을 한다.		
	적응 및 발전	▪ 심화, 보충학습 -분모가 다른 진분수의 덧셈을 이용하여 문장제 문제를 해결해 보도록 한다.	▪ 좀더 알아보기(보충)과 더 나아가기(심화) 문제를 수준에 맞게 선택하여 해결한다.		

단계	학습 내용	교수-학습 활동		자료 및 유의점	시간
		교사활동	학생활동		
정리	차시도입	▪ 발전적 문제 제시 -분모가 다른 대분수는 어떻게 덧셈을 할까? ▪ 차시예고 :분모가 다른 대분수의 덧셈	▪ 문제 해결 -가분수로 고쳐야 해요. -통분만 하면 되요….		5
	평가계획	▪ 본시 수업 평가 -오늘 공부한 내용에 대해서 간단한 평가를 하겠습니다.	▪ 평가를 받는다.	▪ 전원 참여	

2. Glasser(1986)의 학급회의 수업모형

가. 일반적 특징

일반적으로 개인은 여러 가지 문제를 갖고 있다. 이러한 문제들의 대부분은 정신질환과 같은 심각한 문제가 아니기 때문에, 고도의 훈련을 받은 전문가가 아닌 부모나 교사들도 이러한 문제를 다룰 수 있는 능력을 가지고 있다. 사실 개인들이 겪는 대부분의 문제는 대인관계의 실패에서 비롯된다. 이러한 문제를 해결하는데 Glasser는 현실치료법을 활용하였다. 그는 현실치료법의 기본원리를 학급회의를 통한 교실상황에 적용하여 개인의 문제영역을 집단토론을 통하여 해결하려 하였다. 그는 정신치료 상의 문제는 집단과 같은 어떤 사회적 매체를 통하여 해결되어야 한다고 믿었다. 즉 학급회의 모형의 기본 가정은,

첫째, 대부분 인간의 문제는 사회적 기능 수행의 실패

에서 오는데, 이는 타인과의 관계나 사회집단 규범에 뿌리를 두고 있다.

둘째, 행동과 행동 변화에 대한 신념을 갖고 문제 원인의 통찰보다는 일어난 행동 그 자체에 관심을 집중시켜 그의 현재의 욕구와 미래의 욕구를 충족시킬 수 있는 보다 나은 방법을 배우도록 하는데 있다.

따라서 현실치료법의 목표는 행동변화에 대한 신념을 갖게 하고, 그렇게 함으로써 자기존중감, 사랑, 정체감에 대한 자신의 정서적 욕구를 충족시킬 수 있는 능력에 두고 있다. 이것은 정서적 참여와 사랑과 교훈(discipline)이 결합된 인간관계를 통하여 달성된다. Glasser는 본질적으로 우리와 다른 사람들과의 삶을 통한 밀접한 관계를 형성해 감으로써 자아 존중감이 얻어지게 된다는 것이다. 현실치료법의 기본 요건은 적극적인 개인적 참여, 현실에 직면하고 무책임한 행동을 거부하며, 보다 나은 행동 방법 배우기 등이며, 여기에서 사용되는 주요 개념으로는 현실성, 책임감, 도덕성, 참여과정 등을 들 수 있다. 현실성은 어떤 행동기준을 설정하는 준거가 되며, 책임감은 자아존중감 욕구를 충족시킬 수 있는 행동 지표가 되며, 도덕성은 자아존중감을 달성하기 위해서 올바른 행동만 해야 되고, 참여과정은 현실치료가 성공하기 위한 열쇠가 된다는 점이다. 따라서 현실치료법에 따른 교수－학습 전략은 고립된 상태의 아동이 동료와 교사와의 좋은 관계를 형성함으로써 고독감을 해소시키는데 목적이 있는 것이다.

이와 같이 학급회의 수업모형은 상호간에 관심을 가져주는 사회집단과 자기훈육 및 행동약속을 개발하기 위해 Glasser가 제시한 방법이다. 학급회의는 학생과 교사가 가능한 매일 함께 만나 그들의 행동문제와 개인적인 문제, 나아가 학업상이나 교과상의 문제들을 토론해 나가는 모임이다. 이 모형은 일반적으로 행동이나 사회적인 문제에 관한 것을 다루는 사회적인 문제해결에 초점을 두고 있다.

나. 일반적 절차

사회문제 해결을 위한 학급회의 수업모형의 교수-학습 단계는 여섯 단계로 구성된다.

① 1단계 : 참여분위기 조성

- 모든 사람들이 참여하고 발언하도록 격려한다.
- 비난이나 평가 없이 의견을 개진한다.

② 2단계 : 문제 제기

- 학생이나 교사의 문제 제기
- 구체적 사례 제시
- 문제의 상세한 진술
- 예측-결과들 찾아내기
- 사회적 규범 찾아내기

③ 3단계 : 개인적인 가치판단하기

- 문제행동과 사회규범 이면에 숨어 있는 가치를 규명한다.
- 학생들은 그들이 따라야 할 규범에 대하여 개인적 가치판단을 하고, 그 가치들을 명료화 시킨다.

④ 4단계 : 대안적 실천행동 찾기

- 학생들은 구체적 행동 대안을 토의한다.
- 학생들은 구체적 행동 대안들에 동의한다.

⑤ 5단계 : 행동 약속하기

- 학생들은 여러 사람 앞에서 자기가 취할 행동을 약속한다.

⑥ 6단계 : 추수행동

- 일정한 기간이 지난 다음 학생들은 그들이 약속한 행동의 효과와 새로운 행동에 대하여 평가를 한다.

이들 단계들은 한 번 또는 그 이상의 회의에서 이루어질 수도 있으며, 경우에 따라서는 당일회의에서 심지어 여러 가지 문제들을 신속하게 성취할 수도 있다. 다만 중요한 점은 문제 해결의 방법이지, 얼마동안 이루어질 것인가의 기간에 달려있는 것은 아니다.

다. 적용범위

이 모형은 주로 학급회의에 적용된다. 학생들로 하여금 자기 자신을 이해하고 그들 자신의 발달에 책임을 지도록 도와주기 위해 고안된 것으로, 어떤 문제에 대하여 여러 사람이 함께 생각해 보고 의견을 교환한다. 또는 한 학생의 아이디어에 문제를 제기하고, 비슷한 주제에 대한 의견을 개진하기도 한다. 각자의 감정이나 의견들을 자유스럽고 정직하게 표현하도록 권장된다. 학급사회구조가 일단 형성되면 개인적인 문제 제기가 없어지고, 차츰 교과활동을 계획하고, 교과활동에 필요한 학습 자료를 어떻게 관리할 것인가와 같은 일을 논의하게 된다. 학급회의 수업모형에서 유의점은 솔직한 감정 교환과 논쟁에서 이긴다거나 비판할 필요 없이 온화한 가운데 서로 만난다는 느낌을 가져야 한다는 것이다.

라. 교수－학습 과정안 예시

(1) 교과단원명 : 중학교 3학년 도덕 -직업의 선택과 준비-

(2) 수업목표 : 직업 선택의 중요성과 직업 선택 시 고려해야 할 사항에 대해서 이해할 수 있다.

(3) 본시 수업안

단계	학습 내용	교수-학습 활동		자료 및 유의점	시간
		교사활동	학생활동		
도입	참여 분위기 조성	▪ 학습준비 확인 ▪ 전시학습의 상기 -우리가 살아가는데 직업생활은 왜 필요한가요? -직업은 사회적으로 어떤 의미를 지닐까요? (2-3명의 의견을 듣고 칭찬과 아울러 간단하게 정리)	▪ 학습준비를 완료하고 학습에 임한다. ▪ 전시학습 내용을 상기하여 발문에 응답한다. -경제적 안정된 삶, 소질과 능력 발휘, 삶의 보람 등 이야기 함 -개인생활의 영위 수단이며 타인과 사회를 위하여 일하는 수단 등 이야기 함	▪ 사전의 경험을 활성화 시킨다. ▪ 따뜻하고 인간적이며 상호 관심을 갖는 참여 분위기 조성	10
	토론할 문제 제기	▪ 토론할 주제에 대한 질문 -우리가 이 시간 토론해 볼 주제를 두 가지만 잡아볼까요?	▪ 질문에 대한 응답	▪ 주제는 세분화할수록 좋으며 학생들 스스로 토의하여 결정함으로써 적극적 참여가 이루어질 수 있다.	
전개	개인적 가치 판단 하기	▪ 발표된 여러 가지 의견을 놓고 각각의 개념과 그 중요성을 분단별로 구체적으로 토의해 보도록 함 (자신에 맞는 직업을 선택하고 보람을 얻기 위해서는 먼저 자신을 정확하게 아는 것이 중요함을 강조)	▪ 적극적인 분단별 토의를 실시	▪ 학생들로 하여금 자신의 행동에 대해 개인적인 가치판단을 하게 한다.	30
	대안적 행동 과정 찾기	▪ 분단별로 토의한 내용을 발표하게 한다. ▪ 토의 내용을 요약 정리해 준다.	▪ 구체적 행동 대안을 토의하고 동의한 내용을 발표		

단계	학습 내용	교수-학습 활동		자료 및 유의점	시간
		교사활동	학생활동		
정리	행동 약속 하기	▪ 직업을 선택할 때 자신이 제일 중요하게 고려하고자 하는 점을 말해 보게 한다(분단 별로 각자 발표 하게 함).	▪ 토의 내용과 그 과정을 통해 자신이 결정한 직업 선택 기준을 발표	▪ 자신이 선택하고 동의한 행동을 여러 사람 앞에서 약속한다.	5
	추수 행동	▪ 일정 기간이 지난 후 학생들이 약속한 새로운 행동의 효과에 대한 검토와 미래 행동을 위한 강화를 함			

참고문헌

강인애(1997). 왜 구성주의인가. 서울: 문음사.

강인애(1998). 문제중심학습: 또 하나의 구성주의적 교수-학습 모형. 김종문 외(편), 구성주의 교육학. 서울: 교육과학사.

강인애, 김선자(1998). PBL에 의한 수업설계와 적용: 초등 사회과 수업사례. 교육공학연구, 14(3), 1-31.

김호권(1985). 학교 학습의 탐구. 서울: 교육과학사.

권낙원(1996). 토의 수업의 이론과 실제. 서울: 현대교육출판.

권낙원, 김동엽(2006). 교수–학습 이론의 이해. 서울: 문음사.

Ausubel, D. P. (1963). *The Psychology of Meaningful Verbal Learning*. NY: Grune & Stratton.

Bank, A., Henerson, M. E. & Eu, L. (1981). *A Practical Guide to Program Planning: A Teaching Models Approach*. NY: Teacher's college press.

Barrows, H. S. (1986). *A Taxonomy of Problem-Based Learning Methods*. USA: John Wiley & Sons Inc.

Barrows, H. S. (1994). *Practice-Based Learning: Problem-Based Learning Applied to Medical Education*. Southern Illinois University.

Borich, G. D. (1996). *Effective Teaching Methods*. N.J. : Merrill.

Butler, S. M. (1997). *Problem-based learning in a secondary science classroom*. Unpublished Doctorial Dissertation. Florida State University.

Cole, P. G. & Chan, L. K. S. (1987). *Teaching Principles and Practice*. NY: Prentice-Hall.

Davies, I. K. (1973). Task Analysis. *Educational Technology Research and Development, 21*(1), 73-86.

Eggen, P., Kauchak, D. & Harder, (1979). *Strategies for Teachers*. London: Prentice-Hall International, Inc.

Eggen, P. & Kauchak, D. (1988). *Learning and Teaching*. MA: Allyn & Bacon.

Flanders, N. A. (1970). *Analyzing Teaching Behavior*. Philippines: Addison-Wesley Publishing Company, Inc.

Gagné, R. M. & Briggs, L. J. (1979). *Principles of Instructional Design*(2nd ed.). NY: Holt, Rinehart & Winston.

Gallagher, S. A., Stpien, W. J. & Rosenthal, H. (1992). The effects of problem-based learning on problem solving. *Gifted Child Quarterly*, 36, 195-200.

Glaser, R. (1976). Components of a psychology of instruction: Toward a science of design. *Review of Educational Research*, *46*, 1-24.

Glasser, W. (1986). *Reality Therapy*. NY: Harper & Row.

Green, T. A. (1971). The Activities of Teaching, Tokyo: McGraw-Hill Kogakusha, Ltd.

Gronlund, N. E. (1973). *Individualizing Classroom Instruction*. NY: Macmillan.

Gronlund, N. E. (1986). *Stating Objectives for Classroom Instruction*. NY: Macmillan.

Gronlund, N. E. (1999). *How to Write and Use Instructional Objectives*(6th ed.). WA: Merrill Press.

Hill, W. F. (1969). *Learning Through Discussion*. California: Sage Publications, Inc.

Hosford, P. L. (1973). *An Instructional Theory: A Begining*. NY.: Prentice-Hall.

Jacobsen, D. A., Eggen, P. & Kauchak, D. (1989). *Methods for Teaching*. NJ: Prentice-Hall.

Johnson, D. W. & Johnson, R. T. (1975). *Learning Together and Alone*. NJ: Prentice-Hall.

Joyce, B. R. & Weil, M. (2000). *Models of Teaching*. Boston: Allyn and Bacon.

Joyce, B. R., Weil, M. & Showers, B. (1992). *Models of Teaching*. A Division of Simon & Schuster, Inc.

Knowles, M. S. (1980). *Self-Directed Learning: A Guide for Learners and Teachers*. NY: Cambridge.

Knowles, M. S. (2003). *Modern Practices of Adult Education: From Pedagogy to Andragogy*. NY: Cambridge.

Lippitt, R., Fox, R. & Schaible, L. (1969). *Teacher's Role in Social Science Investigation*. Chicago: Science Research Associates.

Macdonald, J. B. (1965). *Educational Models for Instruction*. In Theories of Instruction edited by James B. Macdonald and Robert R. Leeper. Washington, D. C.: Association for Supervision and Curriculum Development.

Mager, R. F. (1962). *Preparing Instructional Objectives*. California: Fearon.

Moore, K. D. (2005). *Effective Instructional Strategies: From Theory to Practice*. California: Sage Publications, Inc.

Nuthall, G. & Snook, I. (1973). *Contemporary Models of Teaching*, Travers, (2nd ed.). In Handbook of Research on Teaching. (2nd ed.). NY: MacMillan.

Oliver, D. & Shaver, J. P. (1966). *Teaching Public Issues in the High School*. Boston: Houghton Mifflin.

Parnes, S. J. (1966). *Programming Creative Behavior*. NY: Buffalo.

Rosenshine, V. B. (1976). *Classroom Instruction in the Psychology of Teaching Methods*. NSSE.

Rosenshine, V. B. & Furst, N. F. (1973). *The Use of Direct Observation to Study Teaching*. Chicago: Rand McNally.

Rosenshine, V. B. & Stevens, R. (1986). Teaching Functions. In M.C. Wittrock (Ed.), *Handbook of Research on Teaching*(3rd ed.).

Ryan, C. & Koschman, T. (1994). *The Collaborative Learning Laboratory: A Technology-Enriched Environment to Support Problem-Based Learning*. Springfield Illinois: Southern Illinois School of Medicine, Cognitive Science Division.

Shaftel, F. & Shaftel, G. (1967). *Role Playing for Social Value*. Prentice-Hall, Inc.

Suchman, J. R. (1962). *Elementary School Training Program in Scientific Inquiry*. Report to the US Office of Education, University of Illinois.

Thelen, H. A. (1960). *Education and Human Quest*. NY: Harper.

저자약력

권낙원	최화숙
University of Minnesota, Department of Curriculum & Instruction 졸업(Ph. D) 현 한국교원대학교 교수	한국교원대학교 대학원 교육학과(교육과정 전공) 졸업 (M. Ed) 현 한국교원대학교 강사

저 자
인 지

현장 교사를 위한 수업모형

2010년 1월 25일 초판 인쇄
2010년 1월 30일 초판 발행

공저자 / 권낙원 · 최화숙
발행인 / 이 중 수
발행처 / 동 문 사
서울특별시 서대문구 홍제동 137-8
Tel : (02) 736-3718(대), 736-3710, 3720
Fax : (02) 736-3719
등록번호 : 제9-17호

가격 : 6,000원

ISBN : 978-89-8251-424-1 (04370)
978-89-8251-415-9 (세트)
E-mail : dong736@naver.com
www.dongmunsa.com